中华先烈人物故事汇

陈树湘

军事科学院解放军党史军史研究中心

学习出版社

中华先烈人物故事汇《陈树湘》编委会

主　编：陈传刚

编　著：徐　彤　彭至汉

目 录

Contents

引　子

在国民党军对中央苏区的第五次“围剿”中，博古、李德对反“围剿”的错误指挥，给中央红军带来了巨大灾难，中央机关和主力红军被迫长征。长征途中，惨烈的湘江之战是我军战史上的血色记忆，而有一位红军师长的壮烈牺牲又为这片血色热土增添了一层悲壮色彩，成为红军长征路上的一座丰碑。他就是我军战功卓著的优秀指挥员——陈树湘。

陈树湘，湖南省长沙县人，1905 年 1 月 30 日出生于一个佃农家庭。母亲因病早逝，父亲把他唯一的妹妹送人当童养媳，自己 8 岁给地主家放牛。9 岁那年，陈树湘随父亲从长沙县福临铺逃荒到长沙城，靠种菜、帮厨为生。其间，他经常去听进步学生演讲，不断受到先进思想的熏陶。1919 年，

14 岁的陈树湘受到五四运动新思潮的精神感召，参加了新民学会组织的长沙反日爱国运动，他在毛泽东、何叔衡、郭亮、夏明翰等共产党人的影响和引导下投身革命，由一个小菜农转变成为一位信念坚定的革命青年，组织、参与了声援人力车工人大罢工、声援学生反对日本水兵枪杀市民、收回大金码头、护送黄静源烈士遗体等多番反抗斗争，在政治上、思想上、工作上不断成熟，逐渐成长为反帝爱国运动中的急先锋。1925 年，陈树湘加入中国共产党。

1927 年马日事变后，陈树湘毅然加入北伐军叶挺部，任班长、警卫团排长。而后随团参加湘赣边界秋收起义，上了井冈山。朱毛会师后，陈树湘所在团改编为红军第 4 军 31 团，他升任 7 连连长。在井冈山的斗争中，又被任命为特务营党代表。随后，红 4 军主力出击赣南、闽西，陈树湘带领特务营紧随军部前进，改任第 2 纵队 4 支队政治委员。他率部在大柏地伏击战、歼灭军阀混成旅郭凤鸣部等战斗中发挥了重要作用，后任汀（长汀）连（连城）独立团团长。

红1军团整编后，陈树湘任军团总指挥部特务队队长。红1、红3军团合编组成红军第一方面军时，陈树湘任红一方面军司令部特务队队长，负责毛泽东、朱德等领导人的警卫工作。在历次反“围剿”作战中，陈树湘带领特务队全方位做好警卫，确保了红一方面军领导机关的绝对安全。其间，他先后被任命为独立第5团团长、独立第7师师长、独立第9师师长、红19军56师师长、红5军团34师师长等职务。虽然隶属关系几经变更，但陈树湘始终服从命令听指挥，党指到哪里就打到哪里，屡建战功，迅速成长为一位英勇善战的优秀指挥员。

1934年10月，中央红军开始长征。第5军团长董振堂、参谋长刘伯承把红军长征途中光荣而艰巨的“断后”重任交与第34师。师长陈树湘义无反顾地接受了这个攸关党和红军生死的使命任务。由此，他率领红军第34师担负中央红军总后卫，掩护中央红军主力和中共中央、中革军委，同敌人追兵展开鏖战。在惨烈的湘江战役中，陈树湘率领全师与数十倍于己的敌人殊死鏖战四天五夜，完成了掩护中共中央、中革军委和中央红军主力抢渡湘江的艰巨战略任务。

陈树湘完成掩护主力渡过湘江的任务后，率余部300多人转移道县、宁远、江华、蓝山之间。面对蒋、桂、湘数十万敌兵及民团的重重包围，他带领红34师将士们立下誓言：“万一要是突围不成就誓为苏维埃新中国流尽最后一滴血。”后来，他腹部中弹重伤，仍坚持用皮带压住伤口，躺在担架上继续进行政治动员、战斗指挥，紧急组织突围。危急之下，陈树湘令师参谋长王光道率领师余部突围，自己仅带贴身警卫顽强阻击，掩护了100余人成功转移，直至弹尽粮绝、伤重被俘。

敌人为抓到一个红军师长而狂喜，立即将陈树湘押送敌“追剿”司令部。当敌兵押送他至道县四马桥时，他乘敌不备，忍着剧痛从伤口处抠出肠子绞断，把鲜血洒在长征路上，保持了共产党人的气节，表明了对党的绝对忠诚。陈树湘牺牲时年仅29岁，他和他所领导的红34师谱写了长征史上最悲壮的一页。

霜打松更青，血染旗更红。陈树湘断肠取义

的英雄壮举，蕴含着丰富的思想内涵，反映了革命英雄主义精神，体现着鲜明的时代特征，具有巨大的示范引领作用，是留给后代弥足珍贵的精神财富，是激励我们团结一心、克服一切艰难险阻、实现中华民族伟大复兴的强大精神力量。回顾陈树湘短暂的一生，他的精神为一代又一代共产党员的心中点亮了一盏明灯，化作忠诚于党、勇于担当、献身事业的信仰之光。

今天，我们缅怀陈树湘烈士，重温那段可歌可泣的革命历史，就是要激荡起磅礴的动力，传承红色基因，不忘初心使命，在新时代的伟大征程中始终沿着正确方向不断前进。

01 思想启蒙绘底色

幼芽破土，初心萌发

陈树湘，原名陈树春，字子凤。1905 年 1 月 30 日出生在湖南省长沙县福临镇一个贫苦的农民家庭。忠厚老实的父母无田无地，全靠租种地主家的田地过活，一年到头辛苦劳作，打下的粮食交完地主家的租粮外，余下的连膝下的一双儿女也难以养活。

1910 年，陈树湘的母亲因病无钱医治而逝世。父亲陈建业送走了发妻，看着骨瘦如柴的陈树湘和刚满 2 岁牙牙学语的女儿，不禁悲从中来。此时，正值清末民初这一时代转折的关口，而如蝼蚁般的穷苦卑微农民，根本无从得知时代即将发生剧变，大都深陷求生度日的困苦悲戚之中，更莫说既当父又当母的陈建业。生活的担子压得陈建业喘不过气来，他不得已将年幼的女儿送给人家当童养媳，年仅 8 岁的陈树湘也被送去给地主家放牛。

陈树湘白天放牛、割草，晚上就睡在牛栏里看守着牛。虽置身窘境，小小年纪的他却一直尽力从中挤出一丝属于自己的时间和空间。通常，他白天先把牛牵上山去放牧，再和牛娃们一块儿到私塾门前偷听先生讲课，并借此认识了一些字。1914 年，陈树湘 9 岁那年，他的家乡遭遇大旱，麻林河干涸见底，禾苗都枯死了，地主家把陈建业父子赶出了家门，他们逃荒到长沙市小吴门外陈家垅，准备在此做活谋生。幸运的是，父子二人遇到了几个卖菜讨生活的族人，在族人的热心帮衬下，陈树湘便和父亲跟着他们做起了种菜、卖菜的营生。虽然要起早贪黑、出不少力气，但总算暂时安定下来了。陈树湘平时种菜、帮人打豆腐，逢年过节还帮着有条件的人家里杀猪宰牛、掌厨办饭。由于他们的勤劳，父子俩不仅在此地扎下了根，而且逐渐成为长沙小吴门外东厢瓦屋街上小有名气的种菜户。

1919 年，经过 5 年艰苦生活历练的陈树湘，已然是一个生存经验相当丰富的少年了。他恰处在青春懵懂的年纪，正在开始形成自己的世界观、人生观、价值观，外部世界的风云变幻、市井生活的人情世故，都对这个少年的内心产生着或明或暗的影响。

而正是在这一年，由于中国在巴黎和会上的外交失败，以学生斗争为先导的五四运动如火山爆发般开始了。很快，这场伟大的爱国运动突破了知识分子的狭小范围，成为有工人阶级、小资产阶级和民族资产阶级参加的全国规模的群众运动，这一股炽烈的爱国热潮也很快如燎原之火蔓延到湖南长沙。长沙这座古城顿时沸腾了，青年学生们纷纷组织起来走上街头，演讲宣传、游行示威，工人、市民也怀以激昂的爱国情绪积极参与其中。湖南学联组织了十几个演讲团，夜以继日、走街串巷进行着反日爱国演讲。讲演者“垂泪而道”，听众“掩面而泣”，使许多民众对国家命运、社会现状的直观认识发生了变化，即由“若观对岸之火，熟视而无所容心”，逐渐转为已能意识到社会问题“必须有一个根本解决，才有把一个一个的具体问题都解决了的希望”。

这一时代强音，无疑给出身贫苦、童年不幸的陈树湘带来了深深的震撼。虽然他只是一个整日为生计奔波的卖菜少年，但却对这发生的一切感到既好奇又兴奋。多年的苦难成长经历养成了他疾恶如仇的性格，他经常卖完了菜就跑去听爱国学生的激情演讲，还站在街头观看他们动情演绎《鸦片战争》《哀台湾》等取材于重大历史事件、反映民族命运波折的新剧，甚至多次为那些演讲、表演所完全吸引而忘记卖菜。通过学生鲜活动人的演绎，陈树湘开始认识到，中国人为何总是羸弱不堪、被动挨打，帝国主义又是为何敢在中国的大地上作恶无尽、霸道横行。他越发感受到帝国主义压迫的切肤之痛，开始从根源上思考一些现实问题。这些早期的经历，潜移默化、润物无声，为陈树湘思想的萌芽准备了充足养分、厚实土壤。而思想的种子一旦种下，很快便破土生长，乃至见诸行动。被列强欺凌、政府的软弱深深刺激的他，不顾父亲阻拦，毅然决然与几个菜农的孩子一起，积极参与到新民学会发起的长沙反日爱国运动中，进行抵制日货、捣毁奸商洋行、焚烧日货等爱国斗争。

五四运动拉开了中国新民主主义革命的帷幕，1921 年 7 月，中国共产党应运而生。当年 10 月 10 日，湖南省共产党支部在长沙成立，毛泽东任书记，成员有何叔衡、易礼容等。

当时，湖南共产党支部的秘密活动地点就在小吴门外清水塘 22 号一处平房里，与陈树湘家只有一岭之隔。清水塘地处城郊，比较偏僻隐蔽，周围所住多为菜农，菜畦里有两口水塘，上塘水浊，下塘水清，由此而得名。门前有一条路直通小吴门，终日人来人往，不大引人注意。毛泽东和杨开慧从 1921 年 10 月搬到清水塘，一直住到 1923 年 4 月离开长沙。

1921 年 12 月 25 日，根据中共中央局指示，毛泽东通过湖南劳工会、省学联，发动长沙 1 万多工人、市民和学生游行示威，反对美、英、日、法等国在华盛顿召开“共同支配中国”的所谓太平洋会议。这次游行示威活动给陈树湘以极大震动，相比两年前五四运动时期，他的思想、意识均发生了明显变化。此时，他开始希望有一个渠道能够抒发自己内心的悲愤，有一种路径可以贯通思想向行动的转化。

湖南党支部成立后，毛泽东着手在工人和学生中发展党员，建立党的基层组织。不到半年时间，湖南（包括江西萍乡安源）已发展有 30 名中共党员。毛泽东和何叔衡在中共湖南支部的基础上建立了中共湘区委员会，毛泽东任书记，区委机关仍设在清水塘 22 号。

这年，陈树湘 16 岁，长得人高马大，一身力气，为人爽利正直，经常到清水塘去挑水送菜。此时，中共湘区委员会在长沙办起文化书社、自修大学、湘江补习学校，陈树湘卖菜之余常去那里学习。一段时间后，他不但认识了毛泽东，还先后结识了何叔衡、李维汉、周以栗、滕代远、郭亮、夏曦、夏明翰、毛泽覃等许多革命领导人和革命积极分子，还能经常聆听他们在一起讨论、探究救国救民的真理。那些朴素而深刻的话语，使年轻的陈树湘在黑夜中见到曙光，思想和觉悟都有了很大提高。在他们的帮助下，陈树湘不但提升了读文识字能力，具备了一定的知识基础，而且逐步形成了斗争意识、革命思想，受到了马克思主义的启蒙教育。

1922 年深秋，岳麓山枫红似火，当金风吹进小吴门外陈家垅之时，在夏明翰等革命党人的介绍下，陈树湘也怀着火一样的激情，决心与“陈树春”这个族名告别，而以“陈树湘”的崭新名号，在二里牌的一所夜校加入了中国社会主义青年团。

陈树湘想的是，“湘”是一条大江，养育了湖南人民，“湘”也是湖南的简称。用土地的名字重新为自己命名，既是铭记对家乡的爱，更是立志要为这片土地作出贡献。树湘，于湘有所树也！

毛泽东听闻陈树湘加入青年团的消息后，祝贺并鼓励说：“小组织，大运动，团结工农千百万。”陈树湘牢记毛泽东的话，下决心一定要积极参加党领导的各项革命活动。

随着对革命工作的不断熟悉，陈树湘在其中参与的工作也越发多样、深入起来。他不仅主动将自己熟读过的《湖南通俗日报》《国体与青年》《中国青年》等通俗的革命读物，送到一师附小的工人夜校里，供工人们阅读学习，并且逐渐开始在夜校里帮忙做一些简单的教学工作，还与其他共产党人一起，帮助初进夜校的工友和菜农识字、学文化。

他们先是从最简单的“一”“二”“三”“四”几个字讲起，仅“一”字，就讲了一个晚上。开始时有的工友有畏难情绪，既怕学不好，又怕学了也没什么用，直想打退堂鼓。陈树湘就鼓励大家说：“世上无难事，只怕有心人。我们一切都是为了革命，学文化也是为了革命。”他还不断从报刊上选取革命文章，逐字逐句给工友们朗读，帮他们讲解。陈树湘十分讲求教育的方式方法，不拘泥于文字本身，常将文章内容拓展至时事政治、社会问题，以实实在在、牵系个人切身利益的事件，去激发工友们的革命热情、强化大家的斗争意识。

有一次，一个工友提到他们厂里面有人说当工人没出息，缘由就出在这“工”字上。他说，这“工”字上不能出头，出头便入了“土”，下不能伸脚，伸脚就要下阴曹地府。

陈树湘听了大笑起来，随即将毛泽东、夏明翰教给他的道理，兴致勃勃地说开了："我们这个'工'字就是要出头。不但要出头，而且要封顶，出头就是'土'，封顶就是'王'，我们出了头，封了顶，就可以称王了。不但称王，而且管王，比王更高一点。我们是无产阶级，要想到大多数人的解放，让人民大众坐江山，敢于在'王'爷头上发号施令。你们说由'工'而'土'，由'土'而'王'，'王'字再加一点，这加上的是什么字？"

工友们受到启发，顺口答道："是个作主的'主'字。"

陈树湘高兴地说："对，就是人民当家作主的'主'字。但光出头还不成，必须伸脚。'工'字伸脚就是'干'，要想出头必须干。我们就是要联合起来干革命！"

经过工人运动的锻炼，陈树湘在毛泽东、夏明翰等人的言传身教下迅速成长起来。在斗争实践和革命家的帮带下，他逐渐认识到依靠组织和群众、培养骨干、注重策略、利用矛盾、争取舆论等方面的重要性和必要性，积累了丰富的革命工作经验。

主 民

组织人力车工人大罢工

1922 年年初，为使党的一切运动深入到广大群众中去，中国共产党十分重视开展工人运动。1 月，在香港发起了海员罢工运动。香港海员为要求增加工资举行罢工，在苏兆征、林伟民等早期工人运动领导者的领导下，克服港英当局的种种阻挠和破坏，将罢工坚持了 56 天，迫使港英当局取消封闭海员工会的命令，答应为海员增加 15%—30% 的工资。70 年来奕奕赫赫的大英帝国主义终于在中国海员的威力之下屈服了。罢工的胜利，增强了工人阶级的斗争勇气和信心，推动了全国工人运动的发展。以此为开端，1922 年 10 月，党组织又派出夏明翰领导长沙人力车工人组织工会，准备开展罢工斗争。当时，长沙人力车工人在千人以上，有自己的行会。但行会的权力一直操纵在车主和封建把头手里，并制定了许多严厉的封建行规，违反行规就要受到处罚。再加上贪得无厌的车主不断提高车租，兵差任务也日益繁重，方方面面的压榨，将人力车工人的命运推向深渊。工人们也曾举行过几次抗争活动，但均以失败告终。由此，他们大都日日顶着阴霾的心情上工，倍感生活无望。

有一次，毛泽东约夏明翰在望麓园一家小吃店聚会，还叫来了陈树湘。毛泽东对夏明翰说：“你一个读书人样子，做起事来要有个帮手才便利些。”说完，指着身边的陈树湘说：“树湘小兄弟人高马大，干活不惜力气，在泥木工人罢工中表现不错，你可带他做助手。”

夏明翰听了毛泽东的建议后，看了看陈树湘，问道：“你愿意跟着我干吗？”

陈树湘高兴地答道：“我当然愿意啦。”

夏明翰高兴地说：“那好，你就跟着我当秘书和助手，咱们一起工作。”

从此，夏明翰就带着陈树湘与其他同志一起办人力车工人夜校，进行宣传教育和组织工作。

夜校使用的课本是李六如编写的《平民读本》，内容包括日常生活问题、社会文化科学知识和国内外时事，文字通俗浅显，易学易记。为了使课本上的道理深入人心，夏明翰、陈树湘与同来负责搞工人运动的罗学瓒一起，几乎每天登门串户，或在码头车站找工人谈心，帮忙解决他们的实际困难，鼓动大家再次起来斗争。

有一回，一个老工人说："几年前，我们也罢过工，如今还不是一样？没任何用处！"

"现在不一样了！"陈树湘听后连忙握紧他的手宽慰道，"现在我们有党的领导，有了党的领导，一切就有了保证，咱们的工人弟兄就一定能团结起来，别处的工人弟兄也会来支援咱们大家的。"

听陈树湘讲完，夏明翰也情真意切地对老工人说："工人大哥，你知道这位小兄弟以前是做什么的吗？他以前是个菜农，种菜、卖菜的。你看，他现在放下自己的菜挑子，来为咱们人力车工人的斗争出力，要是人力车工人弟兄们都能团结起来，咱们的斗争还会不胜利吗？"

老工人颇为信服地点点头："那我就放心了！我这就去联络大家一起斗争！"

还有一个叫李福根的人力车工，50 多岁了，勤勤恳恳地拉了大半辈子人力车，不计寒暑，不论朝夕，却仍不能让家人吃上一顿饱饭，终日是野菜稀饭充饥，穿的是粗布麻衣。加上近来车老板加租、官方加税，这个重压之下的家庭更是雪上加霜，快要揭不开锅了。

这天一大早，李福根好不容易又从邻居家借来一升米，熬了锅稀饭，吃了个半饱又出门拉车去了。他想着尽可能多跑几趟，好还清租税，也让妻子、儿女不至于过活得太艰辛。因此只要有人坐车，他宁肯一次少要几个钱也是拼了命地去拉车，积少成多嘛。可谁承想，这回一出门，迎面就碰上了时任湖南省省长赵恒惕那个大军阀的兵，硬是把他拉去当差，令他一气拉完五大箱子弹，光一个箱子就足有 150 斤之重。他实在支撑不住，只能苦苦哀求道："长官，行行好！放我歇歇脚吧！"

"不行！"老兵痞打着官腔，颐指气使地说。

"那求求你给碗水喝吧……"

"少啰唆！老子还有公事在身，你这老家伙别磨磨蹭蹭，耽误老子时间，赶紧走！"说完，顺势飞起一脚，正踢在李福根的胸口上。那瘦骨嶙峋的身体哪里经得起这么一踢，他“哎哟”一声栽倒在地上，痛苦地呻吟着，再也爬不起来了。等同行的兄弟们齐聚过来把他抬回家中，这个可怜的人刚一进门就断了气。临死前，他留下最后一句话：“还欠老板 3 天车租！”

夏明翰和陈树湘闻讯来到李福根家中，都不禁为那家徒四壁、破败荒凉的景象唏嘘起来。此时，李福根的妻子和几个孩子正扑在他的遗体上哭天喊地、号啕不止，一声高、一声低，起伏的哭号声惹得夏、陈二人随之不住地落泪。

待他们心情稍稍平复了一些，夏明翰和陈树湘才走上前去，沉痛地喊了一声“李大嫂”。听到关切的喊声，李福根的妻子缓缓抬起泪脸，先是用一双失神、无助的眼睛呆望着他们，忽然又如见了亲人一般，一下抓住夏明翰的手臂，对他连哭带诉起来，仿佛要将毕生受过的苦楚一并倾倒而尽。

“我的命怎这样苦呀！老头子早上出门时还好好的，怎么就叫人给抬回来了？还弄得口吐鲜血？老头子死得好惨呀！他撇下我们娘儿几个，这叫我们怎么活呀！”因悲愤、不平而急促、断续的气息几欲使她昏厥。几个孩子也跪坐在一旁不住哭喊着:“爹呀！爹呀！你不能死呀！不要丢下我们呀！爹呀！”

夏明翰和陈树湘痛心地劝慰着这位可怜的母亲，爱怜地轻抚着她身后那几个尚不谙世事，却已经历人世至痛的娃娃，又把身上带的钱全都掏出来凑了凑，一并放到李大嫂手里。同时，他们找来几个人力车工人，妥善安排了李福根的丧事。

第二天，夏明翰和陈树湘在组织人力车工人夜校学习的时候，讲述了李福根惨死在军阀手下的例子，通过发生在工友身上这一活生生、血淋淋的惨剧，力求使大家对时局有所警醒、对抗争有所觉悟。讲到关键处，陈树湘激动地说:“军阀财主好比街心一堆臭垃圾、烂蔬菜，要把它铲除，是一个人肩挑手提快，还是众人用车子来推快呢?”说着，他把坐在前排的两个工人的手和自己的手拉到一起:“唯一的办法，就是团结、斗争！”

这时，与夏明翰共同负责湖南省委组织部工作的罗学瓒也来了。他先是同夏明翰交谈了几句，走上前说道:“树湘的比方打得很好，我们该怎样来推走这些烂蔬菜、臭垃圾？摆在全国人民面前有一堆大垃圾，摆在我们人力车工人面前有一堆小垃圾，不论大的、小的，我们都要一步一步地把它清除掉！”

在他们的感召下，工人们纷纷说道：“对，人心齐，泰山移！我们罢工，和车主斗！”

夏明翰补充讲道：“我们人力车工人过去虽也举行过罢工，但团结不够紧，斗争不彻底，上头又没有谁领导我们。可如今不同了，我们上面有组织领导，各方又有同志支援，铁路工人、泥木工人也为我们率先做出了榜样。眼下，只要咱们能像毛泽东同志组织泥木工人那样罢工，那样团结斗争，就定能取得胜利！”

这天晚上的学习讨论，就像一把熊熊烈火，使这些只顾疲于奔命，对前景黯淡无望的工人们点燃了生活的希望。当夜，在夏明翰、罗学瓒和陈树湘的组织下，同几个工人代表一起拟定了斗争方案。

1922 年 10 月 8 日，在夏明翰、陈树湘等人的全力组织下，长沙人力车工会成立。随即，组织了长沙人力车工人全城罢工，举行要求降低车租费的游行示威，同时，争取社会各界的支持，使人力车工会的合法地位得到提升。通过工会的不断努力，人力车主不得不同意削减50%的车租费。这一胜利，使人力车工人们受到一次实实在在的斗争教育：只要团结起来，劳工就有出路。

随后，夏明翰、罗学瓒、陈树湘带领人力车工会，加入了以毛泽东为总干事的湖南工团联合会。在其组织领导下，长沙织造工人、土木工人、缝纫工人、泥木工人在各自工会的组织下，相继提出了保障工人权益、增加工人工资、改善工人待遇、废除封建把头制等要求，掀起了以长沙为中心的湘区工人运动，湖南工人阶级进一步团结起来。

参与“外交后援会”的斗争

1923年3月27日，是日本租借中国旅（顺）大（连）期满的日子。然而，直至3月末，日本不想归还租赁领土的意图变得明确起来。在强硬拒绝中国收回旅大的合理要求后，全国各地掀起了要求收回旅大的反日运动，并从华北、东北一带迅速扩展至长江流域的主要城市。由于活动时间临近袁世凯与日本签订卖国条约《二十一条》“国耻纪念日”，使得这场运动的声势更加浩大起来。

4 月，抵制活动蔓延至整个华北和华中，尤其是长江三角洲地区，在湖南省会长沙尤为活跃，因为这里有一个很大的日本社区。为了使反帝爱国斗争更有组织性和影响力，更有利于团结和动员广大人民参与，郭亮、夏明翰、陈树湘等商议，决定以湖南工团联合会的名义，联合学生联合会和教育会，发起组织“湖南外交后援会”（以下简称“后援会”）。4 月 5 日，“后援会”在长沙成立，郭亮被推选为“后援会”主席，夏明翰、陈树湘和从衡阳来到省城的袁痴、陶铸等人，共同负责开展各项具体活动。第二天，湖南工团联合会、粤汉铁路总工会、长沙笔业工会、湖南造币厂职工俱乐部、长沙电气工人俱乐部等工人团体，联名致电全国的报馆、公团、学校，发出呼吁：号召各阶层人民反抗日本帝国主义侵略，开展对日经济绝交。

“后援会”很快组织起2万市民在5月9日“国耻纪念日”这天举行反日集会。集会后，市民们又分成数支队伍举行示威游行。同时，“后援会”发行《救国周刊》，号召人民团结起来，反抗帝国主义侵略，提出对日经济绝交。

经过充分筹备，5月14日，“后援会”公布了《对日经济绝交公约》，并组织工人、学生夜以继日地检查日货。这时，陈树湘从秘密渠道获悉日本一艘“武陵号”商轮准备从汉口开往长沙，大致将在月末抵达。他把这一消息报告给了“后援会”，郭亮、夏明翰等人商量决定，抓住这个时机，查封“武陵号”轮船上的日货。为了完成这个具有标志性意义的任务，夏明翰、陈树湘等亲自率领一批调查员在几个码头上巡逻，又进行了深入的前期准备，收集了大量情报。到了31日这天，“后援会”的学生及各界人士共40余人，分头来到湘江边的两湖码头和大金码头准备行动。

赵恒惕听说“后援会”的调查员要检查日本商轮，他十分惧怕得罪日本人，且唯恐伤害洋奴，遂令警察署头子强力干涉，并对“后援会”的代表们大加威胁，企图迫使他们将调查员撤回，但郭亮、夏明翰和陈树湘等组织者坚决不答应。

6月1日9时，日本的“武陵号”商轮驶进长沙的大金码头。“后援会”安排的宣传队、调查员立即开始检查商轮，有的发表讲演、呼口号，有的把“否认二十一条”“打倒日本帝国主义”等标语贴在大金码头的墙壁上，惹得很多过路者在江边驻足观看。此时，守卫在大金码头岸口和日清汽船公司门前的10多个日本水兵，手执棍棒驱赶、追打演讲和贴标语的学生。此举引起了大家的极度愤慨，人们争先恐后地捡起瓦片、石头砸向日本水兵。另有几个日本水兵把学生们刚刚贴上去的标语扯掉、撕碎。一个名叫黄汉卿的小学生，上前制止并质问道：“你凭什么撕我贴的标语？”

日本水兵感到很惊讶的样子，他没料到这个中国小孩竟有如此的勇气，便作势要抽刀，还用生硬的汉语恶狠狠地说：“这是日本租借的码头！”

黄汉卿一听“日本”两个字，火气更大了。他一步跳到墙边，马上又贴出一张“打倒日本帝国主义”的标语。

这下激怒了日本水兵，他气急败坏地抽出刀来，刺向黄汉卿的肚子，黄汉卿顿时倒在了血泊中。围观的群众看到这一幕暴行，都惊呆了，众人大声疾呼：“鬼子杀人了！鬼子杀小孩了！”场面一度陷入混乱。慌乱中的几个日本兵又举起木棒，朝着学生们的脑袋、胸口一顿乱打、乱刺。

见此情景，曾参加过泥木工人大罢工的木匠王绍元，冲上前去，一把从日本水兵手里夺过木棍，振臂高呼道：“同志们，日本鬼子欺人太甚！都来打日本鬼子啊！”他这么一喊，一大群工人、学生和市民潮水般地围拢上来。恼羞成怒的日本水兵端起步枪，对准手无寸铁的群众连开数枪，王绍元中弹身亡，另有几十个工人和学生也身受重伤。

身处劣势的工人、学生和市民纷纷开始后撤。这时，郭亮、夏明翰和陈树湘等人及时赶来。陈树湘用雄浑有力的声音喊道：“同胞们！不要跑！团结起来！向日本鬼子冲去！”

听到喊声，众人立刻稳定了下来，有人高呼：

“同胞们，日本水兵开枪打死了手无寸铁的中国人，我们要为死难的同胞报仇呀！”陈树湘带领大家向日本水兵行凶的大金码头冲去，一边走，一边高呼口号，鼓舞民众。

其他地方的民众听到日本水兵开枪打死中国人的消息，个个愤怒起来，纷纷说道：“这还了得！”“我们不做亡国奴！”“我们要为死难的同胞报仇！”“血债要用血来还！”……一时间，木工们扬着斧头，泥工们拎着瓦刀，石匠们拿着錾子，铁匠们提着锤子，卖菜的举着扁担，船夫们持着木桨，各行各业的人们汇成一股洪流，从四面八方朝着大金码头涌去。

日本水兵见反抗的民众汹涌而来，势不可当，便急忙撤回军舰，龟缩起来。

大金码头“六一惨案”，造成“后援会”两人牺牲，9 人重伤，数十人轻伤。

当天夜里，郭亮、夏明翰和陈树湘紧急与各界负责人联系，商量对付日本帝国主义的对策，接着召开“后援会”会议，讨论斗争方法。最后决定，为死者召开追悼大会，举行声势浩大的示威游行。“后援会”一方面安排人送伤者入医院，为死者设灵堂，安慰死伤者的家属，另一方面组织人赶写文告、书写传单。

陈树湘格外重视撰写文告、传单的工作。他说：“标语的内容越是简短，在群众当中就越能发挥出四两拨千斤的力量。”要求大家“用词用句要贴合实际、精准凝练，能即刻调动广大民众的激情，达到激发民众反日情绪的效果。”

经过接连数天的努力，当这些激动人心的文告、传单遍布大街小巷时，整个长沙城的民众都被动员起来了。他们在各条战线上积极行动、相互配合，工人罢工，学生罢课，教员罢教，商人、菜农罢市，甚至就连那些为赵恒惕反动政府维持治安的警察都罢了岗。全城的治安，就交由“后援会”派陈树湘等组织起来的工人、学生、菜农纠察队来共同维持。

与此同时，陈树湘还与郭亮、夏明翰等人，组织长沙 50 多所学校的师生、20 多个工会的成员和其他各阶层的劳苦大众共 6 万多人举行游行示威活动。他们抬着死者的遗体一路游行，一路声讨，最后包围了日本在长沙的领事馆进行抗议。他们到处撒传单、贴标语，凡经过一个新的街区，陈树湘都会带头高呼："日本鬼子打死我们的同胞，尸首就抬在后面，请大家注意看看！"亲眼看见这一景象的百姓，无不为之悲痛扼腕、愤慨落泪，都自动地加入游行队伍中，跟着他们一路前进，一路呐喊、高呼。

示威游行过后，"后援会"为死者举行了隆重的追悼会。接着，陈树湘和郭亮、夏明翰一道，率领着这支日益壮大的游行队伍，到省长公署请愿，要求面见省长。

这天，省长公署一个职员出面接待示威游行的负责人说："省长正在一个公馆召开重要会议，至少还得大半天才能返回，请你们先回去。"

夏明翰气愤地说道："天气炎热，数万民众还等在外面，请联络省长务必快些出面答复大家。"

民众齐声高呼："省长不出面，我们决不离开。"

经过几番周折，一直躲着不肯出来的省长赵恒惕总算露面了，表示愿意接见游行代表。

见到赵恒惕后，夏明翰陈述了“后援会”提出的八项要求，请政府代表人民与日本方面交涉：“第一，撤换日本驻湘领事；第二，惩办日本军官；第三，惩办凶手；第四，撤退日本一切驻湘军队；第五，收回日本在湖南占用的一切码头；第六，责令日本驻湘领事公开向中国人民道歉；第七，抚恤死者；第八，赔偿伤者保险金与医药费。”

夏明翰陈述完毕，又严正宣称：“以上八条，政府如无绝对办法，使其达到圆满的结果，我全体人民即将采取革命的手段！”

赵恒惕不敢违背广大民众的意志，只好在口头上把八项对日交涉条件接受下来。尽管如此，夏明翰、陈树湘商量后，也做了两手准备：一面等候政府与日方的交涉结果；一面继续组织罢工、罢课、罢市，更深入地宣传查封日货活动，对日本帝国主义者和赵恒惕施加更大压力，以促使双方交涉尽快成功。

然而，正如他们所料，赵恒惕阳奉阴违，很快就背弃了自己的允诺，开始大肆散布谣言、制造舆论，歪曲“后援会”的正义要求，诬蔑“后援会”是破坏安定团结的非法组织，还发出布告，捉拿带头闹事者。

面对外部压力，“后援会”内部有些人也出现了动摇的念头。郭亮、夏明翰、陈树湘等人清醒地意识到，只有稳住内部，坚定必胜的信心，才能团结更多同志一道战胜强大的敌人。郭亮与夏明翰、陈树湘商议，决定召开一次“后援会”代表及干事联席会议。

在会上，陈树湘动情地说道：“如今，斗争还在继续，越来越多的群众都团结起来了，我们更不能在火线上临阵脱逃。只要我们的目标一天实现不了，就一天也不能泄气、不能放手。”

郭亮补充道：“中国人的血气，应当从我们这代人身上发扬壮大起来。我们应当担起民族的重任，敢为斗士！甘为先锋！我们热切期盼着诸位干事不忘初衷，继续团结在我们这支先进队伍的旗帜下，积极工作！勇敢斗争！”

这次会议，使“后援会”的同志思想更加统一，团结更加紧密。1924 年 5 月，“后援会”又发表了《本会五七大游行宣言》等，要求日本领事即日转告日本政府，从速正当解决“六一惨案”问题。

反帝爱国运动的急先锋

1924 年，中国大地爆发了一场席卷全国的大革命运动，宗旨是“打倒列强，除军阀”，其声势之浩大、群众发动之广泛，都是中国近代历史上前所未有的。在这一革命浪潮的推动下，国共两党第一次合作正式开始。随后，形成了以广州为中心，汇集全国革命力量，共同反对帝国主义和封建军阀的新局面，极大地促进了中国工人运动和农民运动的发展。

1925 年年初，中共中央派湘区区委委员滕代远到长沙近郊指挥并开展农民运动，建立和发展党的组织及农民协会。在夏明翰的推荐下，陈树湘找到滕代远，参加了二里牌乡农民协会。他在农民协会工作积极，热情高涨，经过几次运动的考验，工作上显得很老练，政治上和思想上也不断成熟，完全具备了共产党人的条件。这时，陈树湘向组织提出了加入共产党的请求。滕代远向湘区区委汇报后，得到批准。一天，周以栗、滕代远作为陈树湘的入党介绍人，在一家农舍里，为陈树湘举行了简单而庄严的入党宣誓，从此，陈树湘以中国共产党党员的身份活跃在各个运动之中。

这年春夏之交，陈树湘与郭亮、夏明翰、肖述凡等人商量，决定发起“六一惨案”两周年纪念活动，进一步唤醒民众起来进行反帝反封建的斗争。经过充分准备，6月1日这天，动员了农民协会、反帝大同盟等社会各界人民群众上万人参加的大集会和大游行。纪念大会刚刚开始，就传来了上海五卅惨案的消息。一名学生义愤填膺地向大家传达了发生在上海公共租界的英国巡捕开枪杀人的惨案：上海2000余名学生在租界内散发传单，发表演说，抗议日本纱厂资本家镇压工人大罢工、打死工人顾正红的罪行，要求收回租界。学生的正义举动，招致100多名学生被英国巡捕逮捕。事态火速蔓延，当天下午，又有万余名群众聚集起来要求释放学生，英国巡捕不但不释放学生，竟当场开枪打死10多人、数十人重伤，还有150余人被逮捕。

这些消息如熊熊烈焰，在纪念“六一惨案”的各界民众中迅速燃烧起来。针对这一突发情况，郭亮、夏明翰、陈树湘等人当即组织民众，由“六一惨案”纪念活动转入声援上海的爱国主义运动中。6月2日，省工团联合会、省学联组织两万余人集会，决议成立“青沪惨案湖南雪耻会”（以下简称“雪耻会”），推举郭亮为雪耻会主席，夏明翰、肖述凡、陈树湘等人分头到全市工、农、学、商各界组织发动罢工、罢市、罢课的斗争，号召中国工人退出英日工厂，学生退出英日学校，并查禁销毁洋货，举行声援青沪惨案游行示威，并通电全省各县组设雪耻分会。

很快，长沙市各界迅速行动起来，开展罢工、罢课、罢市的斗争，英日领署工人退工，湘雅医学院、福湘女中等学校的学生退学，报界亦停止报纸出刊。各界民众纷纷走上街头呼喊口号，甚至还动员军警联合起来一致对外。数日内，衡阳、常德、湘潭、岳阳等地均成立了雪耻分会，举行了游行示威，形成湖南全省人民共同反对英、日帝国主义运动的高涨势头。

其间，陈树湘与郭亮、夏明翰、肖述凡等人还利用学生暑假回县返乡的时机，组织宣传队，在农村散发《劳动界》《民族革命》等通俗小册子，演出《东江之役》《农民的力量》《上海惨剧》等新剧，以统一民心、启发民智、召集民力。这些大规模群众示威游行活动的组织开展，不仅声援了上海人民的反帝爱国斗争，而且快速提高了当地人民的政治觉悟，唤起了人们的思想觉醒。

为把反帝爱国运动继续向前推进，6月27日，陈树湘与郭亮、夏明翰、肖述凡一起，以雪耻会的名义组织领导了长沙两万多人参加的“夏节总示威”，宣布了五项经济绝交公约：不买英日货，不供给英日人劳力，不用英日货币及在英日银行存款，不搭英日轮船，不供给英日人原料、粮食、燃料、蔬菜等。

很快，驻湘英日领事召见赵恒惕政府，要求采取强力措施，制止这一经济绝交手段。赵恒惕随即召见雪耻会成员，迫令其修改经济绝交办法，并

张贴布告，企图恐吓群众。面对压力，郭亮与夏明翰、肖述凡、陈树湘等人凛然不惧，又组织数千长沙市民对赵恒惕进行抗议，郑重声明："中国政府，既不可靠，现在所靠者，唯有全国民气，实行经济绝交公约，交市民大会公决，不能更改。"

他们不屈服政府的压力，继续推进经济绝交活动。50 多天后，商业利益严重受损的英日商人，均表现出恐慌情绪，日本领事甚至亲赴雪耻会纠察部要求妥协，结果遭到雪耻会的驳斥和拒绝。在雪耻会这些举措的影响、带动下，全省各地也纷纷掀起了经济绝交运动。

在这种形势下，郭亮、夏明翰、陈树湘等人趁热打铁，于 10 月初组织工会联合各界发起收回大金码头的运动。大金码头原归江西帮所有，早在 4 年前，即 1915 年 10 月租给日本戴生昌轮船公司，1925 年 10 月日商租期届满，而日商企图继续占有、拒绝归还。对此，郭亮、夏明翰、陈树湘等通过湖南省工团联合会的渠道，提出"坚决收回大金码头交由政府负责，不续租给日本人"的恳切请求。

这一行动，深深刺激了以日本帝国主义为后台的赵恒惕。为了讨好日方、维护自己的反动统治，赵恒惕与江西军阀和官僚资本家相互勾结，首先对蓬勃发展的安源工人运动发动了血腥镇压。9月21日，他们武力封闭了安源路矿工人俱乐部，当场打死工人3名，打伤数十名，逮捕了共产党员、俱乐部副主任黄静源。10月16日，将黄静源杀害在俱乐部广场，并宣布“示众”3天。

消息传来，长沙各界决定举行大规模的追悼黄静源烈士活动，深入揭露帝国主义和反动军阀的暴行。在组织的安排下，陈树湘作为迎柩团的成员，与向钧、罗学瓒、张汉藩等共同代表湖南各界，前往醴陵、株洲迎接烈士遗体。几天后，当黄静源烈士的灵柩抵达长沙时，两万多名工、农、商、学各界人士及市民聚集在车站广场迎候，场面壮观，令人震撼。

10月26日，长沙各界数万人举行了声势浩大的追悼会，陈树湘等人带领社会各界数千名代表，护卫着烈士遗体，冲破反动政府的重重阻挠，进行了庄严、悲壮的抗议示威游行。在队伍中，陈树湘带领群众振臂高呼“打倒军阀”“黄静源烈士精神不死”等口号，绕长沙城游行一周，观者无不为之同情落泪。

跟随夏明翰搞平粜

1925年10月，陈树湘随中共湘区区委常委、负责农委书记工作的夏明翰等同志，深入浏阳东、西、南各乡进行调查、考察，巩固发展农村党的基层组织，他们先后发展了张启龙、李鸿翼、张侃、陈世乔等17名同志加入中国共产党，随之在上东、永和、文市、枫林、张坊等地建立了党支部。新入党的几位同志分别担任各地的支部书记，成为当地党组织的领导者。

夏明翰对于毛泽东介绍给他的这位小同志很是满意，觉得陈树湘工作大胆积极，办事能力很强，进步也很快。3年多来，他们一直不停地组织工人、学生和人民群众游行示威，与日、英帝国主义和军阀头子赵恒惕等作斗争，很少有闲暇聊家常，这次有了难得的独处时间。一天，他们工作之余谈起了往事，夏明翰关切地询问陈树湘的家世渊源。陈树湘便对祖上义门陈家的故事娓娓道来，一直讲到陈家在湘潭、衡山等地的远房亲戚，其中，就提到了“陈嘉言”这个名字。

夏明翰听闻这个名字后，突然转向陈树湘，仔细端详着面前这位跟随自己多年的小兄弟，许久，才笑着说道：“你刚才提到的，可是那个光绪年间的进士、授翰林院编修的陈嘉言？他是我的外公呀！老人家自幼勤勉好学，学富五车，才高八斗，虽然有些思想跟不上如今的世道形势了，但他一生为官清正、淡泊名利，颇值得我们后人学习。记得他乘船返家时，随身携带了 10 多个沉甸甸的箱子，船到家乡码头，乡亲们争相上船帮忙抬箱，以为大有钱财宝物，孰料打开一看，全是满满的书籍。话说回来，咱们很可能还是亲戚呢。”

陈树湘也惊讶地望着夏明翰，不解地说道：“从前倒是听家族里的老人讲过，衡阳有个远房亲戚，是当地的大富豪，家里子女读了很多书，都很有出息。怎么你也出来帮助穷人革命啦？”

“家父是想让我到京城去读书，但我背着家里报考了新式学堂……天下不公，社会太黑暗，当权者太腐败无能，国破家岂能存焉？中华民族到了生死存亡的关头，不能再这样下去了……”夏明翰越说越激愤，同时对陈树湘讲了许多革命的道理，陈树湘便更加佩服面前的这位好大哥。

不久，接到省委通知，要求夏明翰马上到湘潭去开展平粜运动。陈树湘作为夏明翰的秘书兼助理，两人一起于当晚直奔湘潭。他们走了半夜的路，天亮时才匆匆赶到湘潭县一个小镇上，找到在镇上小学堂教书的一名地下党员，双方才接上了头。

这位教书先生姓屈，30 多岁，乡亲们都称呼他“屈先生”。他虽未曾与夏明翰谋过面，但对“夏明翰”这个名字一直很熟悉，还看过他写的不少诗歌、文章。因此，一见是夏明翰亲自来领导开展平粜斗争，屈先生十分高兴，激动地握着夏明翰的手说：“先前城里组织雪耻会，我们这边也想动起来，无奈没有领导者带着大伙干。如今，百姓们的斗争情绪就像漫山遍野的干柴，就差给这片山野燎上一把火了，你们来得正好啊！”

说完，屈先生又向他们详细介绍了周边情况。他说，湘潭有很多土豪劣绅，将大批粮食囤积在仓库里，肆意抬高米价，眼见一升米就从 60 文铜钱涨到 80 文，很快又由 80 文涨到 160 文，有的更荒唐，甚至都快涨上千了。可这还不算完，后来，这些土豪劣绅干脆不卖给贫苦农民，而是高价售给城里的米商。这一下子，就使生活本已十分困窘的农民雪上加霜，饿死了不少人。单说这所小学附近一个叫周远明的农家吧，原本八口人的家庭，就眼睁睁在这场人为制造的灾祸中连饿带病死了五口。勉强活下来的那几个，苟延残喘，还不如死了的，一天比一天穷困，一日比一日难挨。

听到这里，夏明翰建议说：“不如，我们现在就到周远明家里去看看吧！”

屈先生见他们如此积极，忙问：“那你们以什么身份去呢？”

夏明翰想了想说：“你就说我是新来的小学教师。”又指了指一旁的陈树湘，“就说他是我的兄弟、助手，怎么样？”

屈先生稍作考虑后，点了点头：“好，好，我这就陪你们去。”

夏明翰、陈树湘跟着屈先生走进一座茅草房内，只见一个破衣烂衫、形容枯槁的男人和两个衣不蔽体、瘦骨嶙峋的小孩儿正坐在地上剥着树根皮。男人满头乱蓬蓬的长发、满腮拉拉碴碴的胡须，看上去至少得有几个月没修剪过了，一打眼还以为是个老头儿，可再仔细瞧瞧他的眉眼五官，才发现他也就三十五六岁。再看一旁的两个小孩儿，小男孩有八九岁，小女孩也就六七岁的模样。

屈先生上前拍了拍他的肩膀，欲将他从地上搀扶起来，并向他介绍说：“老周啊，这一位是咱们学校里新来的教师夏先生，还有这位是夏先生的助手陈先生，他们特地来看看你。”

“看我？”那双被苦难蒙了一层浓雾的眼睛倏然亮了一下。

“是的。”夏明翰连忙上前与屈先生一同将他扶起来，关怀地说：“屈先生告诉我，你家里很不幸！父母、妻子都遭了难，你孤苦伶仃带着几个孩子，过活很艰难。”

周远明那双裂痕斑斑、瘦骨嶙峋的手，一下子被夏明翰宽厚、温暖的手紧紧握住，不知不觉就流出了眼泪：“我这个人八字不好，生来命苦，如今把家人拖累到这般田地，能有什么法子呢？”

夏明翰亲切地注视着他泛红的双目，恳切地问：“你也相信八字、相信命运吗？”

周远明无望地垂下头，摊开两只手说：“命是上辈子决定的东西，谁能不信呢？不知我上辈子作过什么孽哟！”

陈树湘见势插话问他：“那你找人看过八字没有？”

周远明看了他一眼，垂头丧气道：“饭都吃不上，哪里还有钱来看八字？不过我心里清楚，我的八字里就是过眼下这种苦日子，这一辈子是来还上辈子欠下的债的。”

听他这么一讲，夏明翰心里一动，转而从八字入手启发他：“看相、算八字，我倒是晓得一些，也给不少人看过相、算过命。可看过、算过那么多人后，我才发现，任何人的命运之中，都藏着一个共同、根本的东西。”

这时，周远明的双目又闪动了一下。

陈树湘连忙附和说：“夏先生与一般看相、算八字的不同，一不要钱，二不要米，却看得极准确，说得合正理。”

夏明翰顺势算起了周远明的八字，并对他细细讲解一番。说到关键处，夏明翰故意卖了个关子：“你想不想知道如何改命运？”

周远明将信将疑地望着他：“命这东西，还能改？”

夏明翰笃定地望着他说：“一个人的八字是改不了的，但命运能改啊！运改了，命不就跟着改了吗？”

周远明似懂非懂，等他继续往下说。

夏明翰说：“就像我刚才所说，任何人的命运里，都藏着一个共同的、根本的东西。这个东西呢，说来其实很简单，我一说你便能理解。其实就是一句话——没有谁生来就该吃树皮的。”

“改变命运首先要有一个‘敢’字，勇敢的‘敢’，再一个就是‘己’字，自己的‘己’。”

陈树湘也趁热打铁，将土豪劣绅的罪恶、平粜的意义为周远明详细讲解了一番。听着听着，周远明连连点头，那双布满伤痕的黑黢黢的手，也不由得捏成了拳头。

紧接着，连续几个晚上，夏明翰、陈树湘和屈先生都在周远明的茅草房里聚会，讨论研究搞平粜的具体事宜。周远明也凭着自己多年的生活经验和对当地民情的了解，很快就成了他们的得力助手，帮着进行了方方面面、深入细致的发动工作，号召越来越多的群众加入行动队伍里。

一天清早，周远明跑来告诉夏明翰和陈树湘，说打听到地主肖老七准备将屯粮运往城里高价出售，我们应该趁机把粮拦截下来，不许外运。夏明翰听后，对周远明送来的消息给予了充分的肯定，随后叫来屈先生等人商量，决定集中力量先打掉肖老七这个最大的地主，于是，要求大家分别去通知和组织更多的人，明天上午集合去肖老七家闹粮。

陈树湘补充说："秘密通知，迅速行动，告诉大家除带上扁担、箩筐外，还要带梭镖、锄头，万一他动武，我们也好对付。"

陈树湘还特地嘱咐周远明："肖老七诡计多端，阴谋百出，是不好对付的。你叫人去侦察打听准，看他什么时间装运，只有等他装运好了，才有理由揭穿他、制伏他。"

经过一番周密计划，夏明翰、陈树湘等带着乡里的男女老少在离肖老七家不远的地方静静等候。一直等到快中午了，周远明送来信说，肖老七已准备装运了。这时，夏明翰、陈树湘带着义愤填膺的群众来到肖老七家，堵截了这批准备外运的粮食。在事实面前，肖老七无话可说，经过一番较量，最终将这批谷子平价分发给了民众。

惩罚了一个肖老七，马上就显示出杀一儆百的效果。附近的土豪劣绅被吓得坐立不安，害怕落得肖老七一样的下场，就主动打开粮仓，把陈谷平价卖给农民。

为了组织好这次农民运动，陈树湘还自编自创了一首歌谣："做长工，打短工，一年到头两头空；挑担子，拉车子，一年到头饿肚子。"这首简洁明快、朗朗上口的歌谣，很快就在乡里乡亲间传唱开了。

斗争肖老七的胜利，立竿见影地提高了乡里农民的觉悟，也迅速增添了农民兄弟们奋起反抗的勇气和信心。亲眼看见了事态发展演变的陈树湘暗自感慨，像周远明这样穷困潦倒、命途多舛的农民，有幸得到党组织的关怀、培养，方才改变了悲惨命运。他为自己能跟随夏明翰一起工作感到骄傲，更为自己肩负的重任而倍感振奋。

经受大革命洪流的砺炼

20 世纪 20 年代的中国大地南北分裂，军阀割据，他们为争夺地盘、扩充实力，连年混战，搞得整个社会民不聊生，人民迫切要求广东革命政府出兵北伐，结束十多年来北洋军阀的黑暗统治，救民众于水火。

湖南是反动军阀围攻广东革命根据地的前哨阵地，也是广东革命政府北伐的军事要冲，战略位置十分重要，因此成为大革命时期中共地方组织较为强大的地区之一。早在 1922 年 5 月，中共湘区区委在湖南支部的基础上成立，在区委领导下，湖南革命思潮日益澎湃，尤其是五卅事件后，一般民众在心理上渐为倾向广州革命政府。而湖南长期被反动省长赵恒惕所盘踞，他打着“联省自治”的招牌，而实为北洋军阀吴佩孚的一个附庸，是广东革命政府北伐的巨大障碍。随着国民革命的发展进程，赵恒惕军阀集团内部也发生了分化，所属第 4 师师长唐生智南北逢源，既与吴佩孚联络，也同国民政府接洽。

中共湘区党、团组织觉察到唐生智力量的发展，对此十分重视：“唐氏军队，不可轻视，枪械子弹既甚充足，军纪亦极严格，兵士不但终日操练，且在晚间教以各种战术，下级军官及上级军官，每晚七时至九时，一律上课，教以军事知识。”为推动革命形势的发展，中共湘区区委决定利用唐生智与赵恒惕的矛盾，动员、争取唐生智支持国民革命，建立反赵的联合战线。

1926 年 1 月，国民党第二次全国代表大会在广州召开，大会确定了北伐方针。2 月，中共中央在北京召开特别会议，明确提出集中一切革命力量，准备北伐战争。3月初，久蓄取代赵恒惕之意的唐生智，乘势以“郴宜米贵，给养困难”为由，向长沙进迫。为配合唐生智打倒赵恒惕，中共湘区区委组织领导长沙民众团体举行示威大会，声讨赵恒惕治湘的“罪恶”，通过“打倒赵恒惕”“组织代表民意的政府”“督促湖南军队讨伐吴佩孚”“请国民政府北伐”等24条决议，并成立“湖南人民临时委员会”，领导全省的反英讨吴驱赵斗争。陈树湘在这些斗争中表现得十分活跃。3月中旬，赵恒惕迫于形势下野，委任唐生智为内务司长，代理省长职权。

5月，国民政府派遣国民革命军第7军8旅和第4军叶挺独立团等部，作为北伐军先遣部队，先行出兵湖南，援助正被吴佩孚部击败退守湘南衡阳的唐生智部，由此揭开了北伐战争的序幕。为加快促进唐生智部向革命方面的转化，郭亮在陈树湘等人的陪同下，专程从长沙赶到衡阳，与何叔衡、夏曦、曾三、熊亨瀚组建了国民党湖南省党部特别委员会，动员领导群众积极支援北伐战争。5 月 21 日，唐生智在衡阳宣布参加国民革命，被任命为国民革命军第 8 军军长兼北伐军中路前敌总指挥。7 月上旬，以叶挺独立团为先锋的北伐军第 4 军，与唐生智第 8 军并肩向北推进，直逼长沙。这时，郭亮、夏明翰、陈树湘等人一起，发动工人、学生和各阶层人民，以实际行动迎接北伐军的到来。

北伐军向长沙开进时，工农群众积极担负起带路、送信、侦察、运输、扫雷、担架、救护、慰劳、扰乱敌人后方等工作。在陈树湘等人的直接领导下，缝纫工人做了 2 万多个“国民革命军”“工人保安队”袖章，泥木工人准备了大批炸弹，印刷工人赶印“打倒军阀”“支援北伐”等宣传品，人力车工人侦察敌情，码头工人准备对付北伐军登岸的水兵，铁路工人中断北伐军的交通运输。同时，他领导的农民协会成立了农民自卫队，积极配合以叶挺独立团为先锋的北伐军第 4 军和以唐生智为中路总指挥的第 8 军直捣长沙城。7 月初，湘军总司令叶开鑫部在北伐军的进击下弃城逃走。郭亮、陈树湘等利用敌人溃败之际，组织起工人农民纠察队，夺得敌人枪支十余支，建立了一支以梭镖为主，兼以枪支、大刀、长矛为武器的农民自卫武装。

当他们听说叶开鑫部准备劫走长沙汽车站的汽车溃逃时，当即组织发动人力车工人和其他各界群众千余人，团团围住汽车站，坚守一昼夜，将十余辆汽车完好无损地保护下来。

7月11日，北伐军胜利进入长沙后，郭亮、陈树湘等人以湖南全省工团联合会名义，联合省学联、省妇联、长沙农民协会等团体五六万人，召开欢迎大会，还动员4000多人力车工人、淘粪工人及码头工会成员，组成300多个运输队，为北伐军运送军粮弹药，还组织了两个工人保安团，把守长沙八门要道，维护城市秩序。

此时，长沙农民运动也由秘密走向公开，在中国共产党的领导下，湖南农民运动如火如荼，呈现蓬勃发展的局面。到1926年冬天，各县农民普遍组织起来了，农民协会成了农村唯一的权力机关。组织起来的农民，把攻击的目标指向土豪劣绅、贪官污吏，疾风骤雨般地冲击着各种封建制度、糟粕思想和恶行陋习。

作为无数次参与运动和斗争的亲历者，陈树湘显得异常激动，他常常不由自主地哼起那首北伐军进城时齐唱的歌曲：“北伐军，大胜利，北伐事，快成功，齐心奋勇，直捣黄龙，中华一统，进步无限，幸福无穷。”

唱着明快、振奋的歌曲，陈树湘越发认识到目前形势和党的任务，也更加懂得，正义战争不仅能够得到广大民众的拥护，还能动员大家直接参与其中。他回想起工农群众箪食壶浆、荷锄助战，为军队带路、运输和救护伤员的斗争实践，不禁想到，中国拥有如此浩大的工农群众，如果都能组织起来，参加国民革命，中国国民革命的成功还会远吗？再联系自己，不正是一名被组织起来的农民吗？成为一名共产党员后，特别是亲身参加战斗后，他的精气神也为之发生巨变、焕然一新，人生的天地也越发宽阔起来。

北伐战争湖南战场的胜利，极大推动了湖南工农运动的蓬勃发展。从 1926 年夏，北伐军进入湖南到次年 1 月，农民协会会员从 40 万人激增到

200 万人。为了总结经验，把革命推向新的高潮，负责省工委工作的郭亮和负责省农委工作的夏明翰请示省委决定，于 12 月 1 日联合召开湖南全省第一次农民代表大会和工人代表大会。

12 月 17 日，毛泽东也回到长沙出席了大会，并作了两次重要演说，“国民革命的中心问题，就是农民问题，一切都要靠农民问题的解决”。其中，在 20 日所作《工农商学联合的问题》演说中指出，这不仅为蓬勃开展的革命运动指明了具体方向，也使全程参与大会组织工作的陈树湘深受鼓舞。

1927 年 1 月 4 日至 2 月 5 日，毛泽东考察了湘潭、湘乡、衡山、醴陵、长沙五县的农民运动。其间，陈树湘随夏明翰学习领会毛泽东的考察方法，两次离开长沙，对湘南各县的农民运动进行了调查，同时另派人员先后 4 次考察了其他地方的农民运动情形。随后，夏明翰以中共湘区区委名义，主持撰写了《一九二七年一月份农民运动报告》。写毕，他让陈树湘抄录好尽速送发。陈树湘认真学习这个报告，在抄录前还反复将一些关键段落念给夏明翰听，生怕抄错贻误革命大事。对于其中的一些标志性观点，如“改变从前站到富农、中小地主方面而限制贫农之错误观念矣”“贫农猛烈的打击土豪劣绅，实有必要，非如此不足以推翻现在乡村之封建政治”，陈树湘也与夏明翰进行了反复的讨论和交流。

在毛泽东离开长沙赴武汉后，中共湘区区委根据毛泽东在湘考察期间的指示精神，又召开专门会议，讨论了农民协会和农民武装问题。这时，陈树湘已成为湖南省农民自卫队骨干，经常随郭亮、夏明翰等省委负责同志出外考察，还负责重要会议的巡察、保卫工作。在这些丰富的实践中，他更加理解了“各地土豪劣绅如向农民进攻，须决绝地对他们施以打击”“农民仍须起来，作推翻封建势力的斗争”等做法的长远意义。

参加秋收起义

随着北伐战争的节节胜利，北洋军阀吴佩孚、孙传芳部主力归于溃灭，整个中国南方的政治军事局势全然改观。在北伐前期，由于战争的前景尚不完全明朗，为了利用共产党领导的工农力量和苏联援助以推倒北洋军阀，蒋介石在处理国共关系时，只能采取比较谨慎的态度。1926 年 10 月，北伐军攻占了武昌，随后国民革命政府迁到武昌。面对蓬勃发展的革命形势，羽翼渐丰的蒋介石的反共活动便日益走向公开化，并得到了帝国主义列强的鼓动与支持。

1927 年 4 月 12 日，蒋介石突然在上海发动反革命政变，大规模搜杀共产党员和革命群众，大革命遭受严重挫折。5 月 21 日，驻长沙的国民革命军第 35 军第 33 团团长许克祥在长沙收缴工人纠察队枪械，捕杀共产党员和革命群众 100 多人，“马日事变”爆发。当晚中共湖南省委派张子武将这一情况报告给了工人纠察队总队长袁仲贤。张子武离开省农民协会不久，国民党反动派即向省农民协会发起了进攻，袁仲贤、陈树湘等组织大家顽强抵抗，由于敌我力量悬殊，战斗进行了两小时后，省农民协会被攻占，袁仲贤和陈树湘、潘福岩等人顺利突围。“马日事变”发生时，郭亮、李维汉、夏曦等省委领导正在东茅巷总工会开会。担任警戒的27名武装纠察队员为掩护开会同志撤退，与叛军接火激战，绝大多数壮烈牺牲。

正值长沙陷入白色恐怖之时，袁仲贤、陈树湘等人见长沙不能再待下去了，便设法离开省城，经新河、渡湘江至湖南裕湘纱厂，最后化装来到铜官农村。他们在这里找到了郭亮等人，经过商量决定，由陈树湘和杨立三、赖传珠、张令彬等带领一批农军，采取昼伏夜行的办法，秘密去武昌。

当时，毛泽东恰好就在武昌主持中央农民运动讲习所的工作。很快，陈树湘就与毛泽东会面了。经过一番长谈，毛泽东征求他们去向的意见，陈树湘愤愤地说：“这次敌人突然对我们展开大屠杀，我们却毫无还手之力，我认为根本原因就是没掌握部队。因此，我打算到部队去，争取为党掌握一定的武装。”

毛泽东听后深以为然，他没想到，当年长沙城的小菜农，在经历了革命斗争的锻炼后，如今竟形成了如此成熟、深刻的认识。

在毛泽东的推荐下，经周以栗介绍，陈树湘等人被安排到张发奎的国民革命军第 4 军第 24 师一个新兵营当兵。1927 年 3 月，叶挺任该师师长。这个新兵营就驻扎在武昌黄土坡，大多数是共产党员。

一天，新兵营长张子清将陈树湘介绍给连长黄赞。黄赞连长见陈树湘身材高大，体魄结实，很是喜欢，当即喊来 1 排长杨立三，问道："你们都是湖南人，认识不？"

杨立三和陈树湘相视一笑，说道："我们不仅认识，还是一同从湖南来武昌的。不过我先来报到一天。"

黄赞听后说道："那好，就让陈树湘到你排去当班长吧。"

不久，汪精卫集团发动反革命政变，大革命归于失败。武汉国民政府命令警卫团立即开赴南昌参加新的行动。警卫团将陈树湘所在的新兵营编为 3 营，陈树湘随之升任第 3 营 9 连 3 排排长。

1927 年 8 月 1 日，在以周恩来为书记的中

共中央前敌委员会的领导下，贺龙、叶挺、朱德、刘伯承等组织发动了南昌起义，向国民党反动派打响了第一枪，竖起了武装斗争的旗帜。当日深夜，警卫团同时收到两封电报，一封是南昌起义前敌委发来的，召唤警卫团速往南昌响应起义；另一封是国民革命军第二方面军总指挥张发奎发来的，命令警卫团星夜出发赶到九江待命。

警卫团领导经过研究决定，利用张发奎的调令带走第 1、第 2、第 3 营和团直属部队，前往南昌响应起义。第二天，陈树湘和他的战友们共 2000 多名官兵一起，身着国民革命军的灰色军服，身上配着挂包、水壶、子弹袋、刺刀和卷成筒形的军毯，肩扛步枪，全副武装，精神抖擞，在警卫团团长卢德铭和政治指导员辛焕文的率领下，头顶烈日步行到江边码头，依次登上调来的“德兴号”轮船。

而后，“德兴号”轮船驶离武汉，沿长江东下。在船上，警卫团的政治指导员辛焕文代表警卫团党委向大家传达指示：“我们此行的目的地是南昌，与第 24 师会合……”随后出发的，还有中央军事政治学校 1700 多人改编的第二方面军军官教导团。

经过一天两夜的航行，警卫团乘坐的“德兴号”轮船顺利到达湖北黄石阳新黄颡口。此时，卢德铭得到消息说，南昌起义部队已经离开南昌南下广东去了，南昌城正被张发奎的部队占领。为避免被拦截缴械，卢德铭等人研究决定，警卫团就此下船，改变行军路线，从陆路经江西奉新去追赶南昌起义部队。正当警卫团开赴奉新县城的途中，适逢张发奎的两个团前来堵截。对此，卢德铭又决定把部队带到修水，去与平江的农民军会合。

8 月 12 日，警卫团抵达修水县城郊外，此地正被贵州军阀王天培旧部邱国轩团占据。其见警卫团和另一支前来的平江农民军人多势众，遂率部仓皇逃窜，警卫团进驻修水县城。根据形势需要，当月下旬，警卫团及平江农民军暂时整编为江西省防军第 1 师。

其间，中共中央于 8 月 7 日在汉口秘密召开紧急会议（史称“八七会议”），批判和纠正了陈独秀右倾机会主义错误，撤销了他在党内的职务，选出了新的临时中央政治局。还明确了把土地革命和武装斗争直接联系起来，决定在湘、鄂、赣、粤四省举行秋收起义。

随后，毛泽东以中央特派员的身份到湖南传达八七会议精神，改组湖南省委，领导秋收起义。8月18日，在湖南省委新一届常委会上，毛泽东明确提出秋收起义的目的是建立工农民主政府，并认为国民党这块招牌已经无用，湖南这次暴动就用共产党的名义来号召。8月30日，湖南省委常委会会议讨论湖南秋收暴动最后方案时，决定把修水、铜鼓、安源一带的工农武装整编为一个师。至9月初，毛泽东才得知驻修水的部队已更名为江西省防军第1师，其中有正规军武昌警卫团，于是决定保留其第1师的建制，将参加起义的各路武装5000余人统一编为工农革命军第1军第1师。陈树湘所在警卫团改编为工农革命军第1军第1师第1团。

9月9日，湘赣边界秋收起义爆发。陈树湘和战友们受命主攻长寿街的敌人，再进攻平江县城。然而，第一仗打龙门厂，陈树湘所在的9连就出师不利，接着打金坪又吃败仗。再战长寿街，连指导员、1 排长、2 排长和许多战士都牺牲或失踪了。全连的干部只剩连长和 3 排长陈树湘。他们把部队收拢起来，战士只剩下 30 多人。当时士气低落，失败情绪笼罩全连。

由于起义军遭到远比自己强大的反革命军队的抵抗，损失严重，毛泽东果断改变原有部署，下令各路起义部队停止进攻，退到浏阳县文家市集中。

陈树湘所在部队经过短暂整顿，连夜转向湘、赣两省交界的浏阳、铜鼓地区，后于 9 月 19 日到文家市与第 3 团部队会合，师部驻在文家市街后的里仁学校。

起义失败后，官兵情绪极不稳定，思想波动较大，一些连营甚至团级干部也对革命的前途产生了怀疑。鉴于这些情况，毛泽东在 19 日当晚于里仁学校主持召开了前委会议，否定了“取浏阳直攻长沙”的主张，决定把起义军向南转移到敌人统治力量薄弱的农村山区，寻找落脚点，以保存革命力量，再图发展。

9月20日清晨，毛泽东在里仁学校操场向工农革命军第1师全体人员讲话，宣布中共前敌委员会关于不打长沙沿罗霄山脉南下的决定。第二天一大早，在毛泽东的率领下，陈树湘和工农革命军的战友们离开了文家市，这支约1500人的队伍沿着罗霄山脉南下，向江西萍乡、莲花前进，开始了具有历史意义的战略转移。

02 投身红军砺本领

特务营的党代表

秋收起义部队由文家市出发，进入江西，接连在芦溪和莲花打了两仗，占领了莲花县城，消灭了国民党一个挨户团，缴获了一批弹药和粮食。随后，部队向井冈山进军，于9月29日到达永新县三湾。

由于连续行军作战，部队已锐减到不足1000人，出现了官多兵少、枪多人少的局面，队伍存在许多严重问题：共产党的组织不健全，党员的先锋模范作用未能有效发挥；一些军官沿用旧军队管理方式并享有特权，官兵关系紧张；不少官兵对党领导的武装斗争缺乏认识和信心，连遭挫折后士气低落，军心涣散。而陈树湘始终坚定革命意志，一路上帮伤、病员背枪，并捡起开小差的人扔下的枪支，开始背两三支，后来干脆在路边找条木棍当扁担，挑起七八条枪。

此时部队已远离中心城市，敌情压力减轻，毛泽东就在三湾主持召开前敌委员会会议，决定对部队进行整顿和改编。前委决定将起义部队缩编为一个团：工农革命军第1军第1师第1团，下辖第1、第3营共6个连。另编特务连、卫生队和辎重队，编余干部单独编成1个军官队。改编后，全团只剩700余人，长短枪700余支，机枪2挺，但队伍更加纯洁、稳定，基层连队也得到充实。陈树湘被编入了第3营9连。

改编的关键是加强共产党对军队的领导，即建立党的各级组织和党代表制度，党的支部建在连上，班、排有小组，连以上设党代表，营、团设党委。同时，成立各级士兵委员会，实行民主制度，在政治上官兵平等。经过整顿后的部队进至水口，在大汾镇突遭遂川地主武装“警卫团”肖家壁、李世连的袭击，因部队毫无准备，仓促应战，激战中，第3营被冲散。第1营在毛泽东的直接率领下经黄坳、荆竹山先上了井冈山。陈树湘所在的9连，在3营长张子清的率领下南去桂东，碰上朱德和陈毅率领的南昌起义余部。不久，1营从井冈山下来打茶陵，张子清获悉后，即率第3营的全体官兵到茶陵会合。

1927年12月，陈树湘随部队上了井冈山。这里群众基础好，工农运动也比较好开展，有利于党争取工农革命武装力量。

1928年3月，陈树湘所在的第3营9连，参加新城战斗后，又随营长张子清南下桂东，掩护朱德和陈毅率领的部队上井冈山，陈树湘和3营的战友们在酃县路口与敌展开激战，阻击了敌人两个团的进攻，坚持一天两夜，得悉朱德率领的队伍上了井冈山后，他们才撤出战斗。

4月下旬，朱德等领导的南昌起义余部、湘南农军与毛泽东率领的秋收起义部队在井冈山砻市胜利会师。会师后，部队合编为工农革命军第4军（后称红军第4军），朱德任军长，毛泽东任党代表，王尔琢任参谋长。红4军下辖3个师，陈树湘被编入第 11 师 31 团 3 营 7 连，任第 7 连连长。部队在砻市整训，毛泽东、朱德经常来部队讲课。

朱军长每到 31 团来，总说要向秋收起义的第 31 团学习。毛委员要求很严，经常说：“战无常法，要善于根据敌我情况，在消灭敌人，保存自己的原则下，抛弃旧的一套，来一个战术思想大转变。现在敌强我弱，不能用过去那套战法。”他还讲到走路的问题：“从前井冈山有个‘山大王’朱聋子，同官方的兵打了几十年交道，总结出一条经验，叫作‘不要会打仗，只要会打圈儿’。……我们改他一句：既要会打圈，又要会打仗。”怎么转变，陈树湘心领神会，经常率第 7 连到遂川去打江西的客军，他能够抓住敌人的弱点，“雷公打豆腐”，专拣软的打。

7 月上旬，湘赣两省国民党军调集 6 个师的兵力，对井冈山根据地和红 4 军发动了第一次“会剿”。由于形势严峻，红 4 军党委决定抽调一批军政骨干，组建红 4 军特务连，以专门担负保护军部和首长安全，陈树湘被选任为特务连连长。

陈树湘对特务连战士要求非常高，不但要求政治立场坚定，服从命令，听从指挥，对红军首长绝对忠诚；军事素质也必须过得硬，身体强壮，会打手枪、步枪，还要会打机关枪。特务连除了担负军首长的警卫和安全，还要随时参加战斗，是一支战斗力非常强的队伍。

国民党军对井冈山根据地发动第一次“会剿”时，驻湘敌军两个师侵占宁冈县城，红4军首长决定趁湘敌进入江西、后方空虚之际，军机关带着陈树湘特务连配合红28、红29团直捣湘军在酃县的巢穴，迫使敌人放弃宁冈。在这次战斗中，特务连发挥了较大的作用。10月下旬，湖南国民党第8军3师的一个营长毕占云率所部126人起义参加了红军，被编入特务连。由于人数增加，原特务连扩编为特务营，归军部直接领导，毕占云任营长，陈树湘改任特务营党代表。

此时，红军队伍已开始实行新的党代表制度，即由党组织的书记任同级党代表，负责党务工作、政治工作和群众工作，与军事长官共同管理、指挥部队。因此，陈树湘一方面带着分队深入到宁冈、遂川、永新等地发动群众，使边界割据重新发展起来；另一方面，加紧对投奔红军的原湘军干部战士的思想转变工作。

有一次，原来特务连的几个战士跟刚编入特务营的几个新战士发生了一点小冲突。陈树湘知道后，立刻把他们找到一起，先问清了原委，又十分耐心地劝解道：我们出来当兵，跟着共产党为穷人打天下，我们每个战士就像一列火车上的车厢，火车头就是中国共产党。共产党会带领我们朝正确的方向前进，那么，我们就要团结一致向前进。我们都有共同的目标，都愿意跟着共产党干革命，才走到一起来的嘛，才成为一个战壕的战友了嘛，有什么相互过不去的呢？遇到了问题，相互谦让一点就没事了，要是都不服气，我们这列火车不就翻车了吗？

经陈树湘的这一番话，大家都笑了起来，就这样轻松地化解了双方的矛盾。

面对不断壮大的队伍，陈树湘除了努力搞好政治上的团结，还同营长一道注重官兵军事技能上的提高。红 4 军针对当前部队存在的问题，提

出了“锻炼身体增进体力，熟习瞄准增进射击效能，是现在红军军事训练中的第一要着”的要求，陈树湘与营长商量决定，将早操时间的跑步改为持枪体操或徒手体操，晚间活动增加竞走、踢球、演习、叠罗汉等内容。此外，凡在一地宿营一周以上且地形合适的，他都酌量设置单杠架、吊绳、吊棍、秋千、吊环等简单运动器械供战士锻炼，也就是因地、因时制宜地提高官兵技术、战术水平和能力，又能兼顾大家的特长、个性。全营上下开展军事训练的热情不断高涨，官兵军政素质得到有效的提高。

进军赣南和闽西

1928 年 11 月，红 4 军调整了编制：主力红 28 团、红 31 团各编 3 个营，每营编 4 个连；团部编 1 个特务连、传令排、侦察队、卫生队、担架队、辎重队，机炮连分编为机枪连和迫击炮连；

撤销军部独立营，将兵力编入特务营。这样一来，特务营的兵力骤然增加，使得陈树湘和营长每天的工作任务更加繁重。

1929 年 1 月，湘赣两省国民党军以 3 万多兵力，分五路准备对井冈山根据地进行第三次“会剿”。针对井冈山根据地面临的军事威胁和经济困难情况，红 4 军前委、湘赣边界特委和刚来井冈山与红 4 军会师的彭德怀、滕代远率领红 5 军军委，在宁冈县柏露村举行联席会议。会议决定，由彭德怀、滕代远指挥一部分部队留守井冈山，毛泽东、朱德、陈毅率领红 4 军主力出击赣南。

1 月 14 日，毛泽东、朱德率红 4 军主力第 28、第 31 团和特务营，共 3600 余人，离开井冈山向赣南出击，意于牵制敌人，并寻机在运动中歼敌。陈树湘带领特务营紧随红 4 军军部前进。经营房、杰坝、铅厂之线，于 1 月下旬进占赣南大庾县城，并在大庾附近展开了群众工作，不久便进入赣州的龙南、全南、定南地区。

3 月，部队重新进行编组：红 28 团主力改编为第 1 纵队，红 31 团改编为第 3 纵队，陈树湘率领的军部直属特务营以及第 28 团 3 营改编为第 2 纵队，陈树湘改任第 2 纵队 4 支队政治委员。

时值隆冬，风雪交加，山区格外寒冷，而红军的供应问题尚未解决，被服严重短缺，有的战士没有鞋袜，只能赤着脚翻山踏雪，有的战士依然穿着秋天的单衣薄衫。敌人重兵不停地尾追和袭击，部队每天要急行军八九十里，恶劣的环境和严峻的敌情考验着红军官兵。

为激励部队、鼓舞士气，陈树湘每天都振奋昂扬地走在队伍的最前面。队伍停下来休息时，大家就挤在一起，面无表情地望着灰蒙蒙的山路。每当这时，陈树湘总是想方设法来调动大家的情绪。有时，他组织支队的党员骨干在各自连、排开展关心、送温暖活动。有时，他给大家讲一些故事，谈自己参加革命的经历，说完自己后，他又鼓励大家说说各自的经历。如此一来，支队上下的战友关系更紧密了，人与人的心贴得更近了，大家忘记了眼前的寒冷和困难。部队进到福建武平东留，而后折向江西会昌、瑞金，终于到达瑞金城北 20 多里的黄柏墟、隘前一带休整。

2月9日，正值农历大年三十之夜，国民党刘士毅部见红军在吉潭、顶山一带都与他们避开了交锋，以为红军已无战斗力，难以坚持了，便大摇大摆地追了上来，态度骄横，穷追不舍，孤军冒进。

而此时的红军主力已经抵达大柏地。在大柏地至瑞金以北，有一条10余里长的峡谷，山高林密，是个打伏击的好场所。这时，毛泽东、朱德召集各纵队军政干部开会，决定在大柏地打一场伏击战。具体设想是，把队伍布置成长形“口袋阵”，以主要兵力埋伏在瑞金通往宁都的道路两侧的高山茂林中，以一部分兵力引诱刘士毅部进入伏击圈。

当晚，陈树湘率部随红军其他各部分别进入预定阵地。第二天恰是大年初一，红军一部把刘士毅部两个团诱进“口袋阵”底部，东、西侧伏兵向后迂回出击，扎住“袋口”，然后，埋伏在两边的红军一齐向敌军发起攻击。因为这是红4军主力下井冈山后的关键一战，部队虽然弹药缺乏、战士体力疲惫，但大家还是端起刺刀、抱着石头，同敌人猛拼猛打。陈树湘带着战士们冲锋在前，战斗进行得非常激烈。激战至 11 日下午，红 4 军消灭了尾追之敌一个师的大部，俘虏团长肖致平、中校以下官兵 800 余人，缴获大批武器弹药和军需给养，有效解决了红军给养不足的问题，让红军的干部战士们过了个欢喜、丰盛的春节。

大柏地战斗后，红 4 军乘胜进占宁都县城。2 月 17 日，红 4 军经黄坳到达吉安的东固根据地。在这里，与李文林等领导的江西红军独立第 2、第 4 团会合。这时，毛泽东、朱德得知井冈山根据地已被敌人占领，根据中共福建省委给中共中央的建议，决定于 2 月下旬率领红 4 军经广昌、石城向闽赣边界挺进，暂时开到闽西长汀、武平、上杭一带作短暂休息。

井冈山主要阵地已失，彭德怀领导的红 5 军主力又向外线转移了，原定的内外线配合，打破敌人对井冈山根据地第三次“会剿”的计划已无实现可能。同时，赣敌第 7 师 21 旅、第 12 师 35 旅分头由于都、永新进逼东固。在此情况下，为避免红 4 军在不利的条件下作战，遂于 2 月 25 日离开东固，转向赣闽边界地区游击。3 月 12 日，红

4 军进至长汀西南的四都。

朱德军长在研究敌我双方态势后，决定集中红 4 军全部，兵分三路向郭凤鸣的第 2 混成旅发起进攻，直捣汀州城。兵力部署是：第 1 纵队居左，第 3 纵队居右，陈树湘所在的第 2 纵队随军部居中，齐头向前推进。

此时，盘踞长汀之敌福建省防军第 2 混成旅，急以一个团于长汀城南之长岭寨山地设防，另以一个团于 13 日由长汀进攻四都。红 4 军积极迎敌，在四都以北渔溪附近歼敌一部，迫使残敌退守长岭寨。

14 日，红 4 军向长岭寨之敌发起进攻，以一部兵力从左翼迂回敌之侧后，主力从正面攻击。在四都北边，陈树湘和支队长毕占云趁敌主力立脚未稳，各带一个连对敌军紧追猛打，一直追到长汀胜华山脚的波溪，随后军部和主力围了过来，经 3 小时激战，一举歼灭了盘踞闽西的土著军阀混成旅郭凤鸣部。

此战全歼守敌 2000 余人，缴获步枪 500 支、迫击炮 3 门和大批物资，旅长郭凤鸣亦在狼狈逃命中被击毙。这一战，沉重打击了闽西反动势力。这是红 4 军下井冈山以来的最大一次胜利，也是红 4 军首次入闽的重大胜利。

红 4 军入闽，像一把巨大的铁锤，砸开了套在闽西人民身上的枷锁。长汀是闽西的物资集散地，有几万人口，商业和手工业比较发达，还有小型的兵工厂和被服厂。红 4 军长期在山区转战，不曾进入过如此繁华的中等城市。因此，许多新的问题被摆到他们面前。为了因地制宜地解决好这些问题，毛泽东在当地党组织的帮助下，邀请长汀城里的钱粮师爷、老衙役、老裁缝、教书先生、佃农、游民等各阶层民众召开座谈会，了解长汀的政治、经济情况和风俗民情。根据调查中了解的实际情况，发动群众，制定各项城市政策。

3 月 20 日，毛泽东在长汀辛耕别墅主持召开红 4 军前委扩大会议，确定了红 4 军的行动方针：在赣南、闽西 20 余县开展游击战争，发动工农群众，建立红色政权。红军还集中长汀全县 9 家纺织厂、20 余家缝纫店成立红军临时被服厂，为官兵赶制出 4000 套军服。这是红军官兵第一次发放统一的军服。陈树湘和战友们穿着崭新的军装，面貌焕然一新，以高昂的精神投入到了打土豪分田地的斗争之中。

留守长汀

1930 年 1 月，毛泽东决定率红 4 军主力回师赣南，陈树湘则留在了长汀，任汀（长汀）连（连城）独立团团长。行前，毛泽东找来陈树湘等人谈话：“闽西封建割据的 3 个土皇帝，郭凤鸣仅仅是其中的一个，还有陈国辉和卢新铭，他们分别盘踞在龙岩和上杭地区，你们的任务还很艰巨呢！……但只要联系群众，依靠地方党组织，我相信你们会很好地完成任务的。”

红 4 军主力离开后，陈树湘按照毛泽东的指示，以古田会议决议为指针，率部在长汀、清流、连城一线打游击，他首先集中兵力扫荡地主武装，摧毁反动政权，打土豪筹集粮款；接着分兵发动群众，广泛宣传共产党和工农红军的主张，扩大地方武装。各县先后召开了工农兵代表大会，成立了红色政权。

开始，许多地方的群众由于不了解红军，听说红军来了，都跑到山上躲了起来。红军虽然打了胜仗，而指战员吃饭却成了问题。陈树湘就采用大柏地战斗前的办法来取信于民。那时百姓见了红军也是躲藏起来，毛泽东就指示说：鉴于情况特殊，就采取灵活办法，准许各部队可以动用群众家里的粮、油、菜，但要留下借条，发出布告，说明日后偿还。事隔 50 多天后，当红 4 军再次路过大柏地时，毛泽东指示军需处，按借条向老百姓赔还现洋，只能多给，不许少付。军需处干部挑着现大洋，还完所有欠条，在当地造成了很大的政治影响。老百姓交口称赞说：“红军与国民党军队根本不一样，借条兑现，说话算数。”

3 月 18 日，在陈树湘和其他同志的共同努力下，闽西第一次工农兵代表大会顺利召开，大会制定了各种法令，成立了闽西革命政府，还决定将闽西各县赤卫队改编为红 9 军，并成立了闽西红军学校，培养红军的军事政治干部。4月，根据中央的指示，红9军改称红军第12军，伍中豪任军长，邓子恢任政治委员，下辖3个师。

部队扩大后，由于红军没有自己的兵工厂，新入伍的战士和红军学校中的指战员，很多都没有配枪，手中的武器就是一把梭镖或大刀，有的红小鬼只有一把木枪。陈树湘就把自己部队的枪支、弹药支援一部分给他们，并号召他们从敌人手中缴获。

此时，盘踞在龙岩和上杭地区的陈国辉部和卢新铭部，不甘心红军部队的不断壮大，一方面拉拢反动势力巩固统治，另一方面派捐加税、横征暴敛，还不时对闽西革命根据地的广大军民发动袭扰，压缩红军和地方武装的活动空间。陈树湘带领独立团，配合红12军与敌周旋，在运动中给敌狠狠的打击，进一步巩固和扩大了闽西革命根据地。

1930年6月中旬、下旬，红4军前委和闽西特委在长汀举行联席会议。根据中共中央指示，联席会议决定，将红4军、红6军和红12军统一整编为红军第1军团，朱德任总指挥，毛泽东任政治委员。陈树湘任红1军团总指挥部特务队队长。8月下旬，取得文家市战斗胜利的红1军团北上永和市，与红3军团会师。红1、红3军团会师后，两军团前委召开联席会议，决定会合活动于赣南、闽西和湘鄂赣苏区的两支主力红军，合编组成红军第一方面军，朱德任方面军总司令，毛泽东任总政治委员。陈树湘任红一方面军司令部特务队队长，负责对毛泽东、朱德等领导人的警卫工作。

警卫毛泽东

1930年10月，蒋介石调动10万兵力，对中央苏区发动了第一次大规模的“围剿”，企图一举消灭红军和摧毁中央苏区。苏区党政军各级在红一方面军总前委的统一领导下，积极采取措施，广泛动员群众，应对敌人的“围剿”。作为特务队队长的陈树湘感到自己肩上的担子更重了。他时刻保持高度警惕，防止敌特分子趁国民党军大举进攻之际混入苏区，对毛泽东、朱德等领导人下黑手。每当毛泽东、朱德等人出席活动，他都要提前组织人员检查周围场所，精心安排特务队的战士们在外围布控，他自己则时刻在毛泽东、朱德身边警戒。

当时，红军中不少人坚持要攻打南昌、九江等大城市，但毛泽东并不赞成攻打大城市。毛泽东冷静分析了敌我形势后指出，在强敌的进攻面前，不是要分散，而是集中，不是先向敌进攻，而是先退却然后反攻。由于出现了不同意见，前委接连召开了几次扩大会，有的会一开就是好几天，陈树湘带领特务队全力保护毛泽东、朱德以及其他参会领导的安全。由于经常陪伴在毛泽东、朱德等领导身边，他便耳濡目染，学习了很多先进思想，从内心坚定地拥护毛泽东的决定。

让陈树湘印象最深的是，为了向红军指战员和地方干部群众讲清这个道理，毛泽东作了深入艰苦的教育说服工作，他大会讲，小会说，条分缕析，晓以利害，着重说明“弱军要战胜强军，是不能不讲求阵地这个条件的”。他用许多通俗易懂的比喻，生动地解释了“将欲取之必先予之”的道理，“只有丧失才能不丧失”，“不在一部分人民家中一时地打烂些坛坛罐罐，就要使全体人民长期地打烂坛坛罐罐”。最后，这个正确的作战方针终于被大家认识和接受了，提高了红军在反“围剿”作战中的胜算。在此过程中，正是这些大大小小的学习机会，使陈树湘收获良多。

12 月下旬，毛泽东主持召开了隆重的誓师大会。会场设在小布附近的一个宽阔的河滩上。除了红军主力部队，还到了不少地方武装、赤卫队和群众，河滩上密密层层，万头攒动，红旗招展，枪矛林立。主席台上悬挂着“苏区军民歼敌誓师大会”横匾，两边台柱上贴着一副大字对联，是毛泽东亲自为大会写的。右边是“敌进我退，敌驻我扰，敌疲我打，敌退我追，游击战里操胜算”；左边是“大步进退，诱敌深入，集中兵力，各个击破，运动战中歼敌人”。这副对联吸引了全场的目光，陈树湘和战友们念了又念，他还对身边的几个战士

軍民殲敵誓

讲解了一番诱敌深入的道理，复述了毛泽东讲过的许多风趣的比喻。

毛泽东在大会上作了动员讲话，他深刻分析了敌必败、我必胜的各种条件。毛泽东举起左手，用右手一个一个地按下那张开的手指，讲了6个条件，并作了详细解释。（一）军民一致，人民积极援助红军，这是最重要条件；（二）主动选择有利作战的阵地，设下陷阱，把敌人关在里面打；（三）集中优势兵力，歼灭敌人一部分，一口一口地把敌人吃掉；（四）察明敌军行动，摸清敌人行动规律，从而发现敌人的薄弱部分，拣弱的打；（五）我们可以把敌人拖得筋疲力尽，然后再打；（六）造成敌人的过失，乘敌之隙，加以打击。

毛泽东一口气讲完这6个条件，又继续说道：由于我们实行了诱敌深入的作战方针，两次大踏步地后退，敌人已经开始掉进我们的陷阱，敌情、地形、人民等条件都已经发生了改变，利于我而不利于敌。6个条件已经开始具备，胜利就在眼前！

毛泽东讲得活泼生动，会场上时而十分寂静，时而腾起一片欢笑之声。他那高朗清晰的声音，像洪亮的钟声，在这面临十万大敌的圩场上空，威武地震响；他的每一句话，都给大家振奋了信心，他的每一个手势，都给大家增添了力量。最后，全场军民共同喊起了口号：“勇敢冲锋，奋勇杀敌，多缴枪炮，扩大红军！”口号声像万丈狂涛，震得山鸣谷应。陈树湘也被现场的气氛感染，他的战斗信心更足，情绪更高。

会后，他立即对特务队展开了动员，要求全体队员誓死保卫毛泽东、朱德等领导人的安全。

随着国民党军大军压境，陈树湘和特务队的任务更加艰巨了，他们要时刻伴随着毛泽东、朱德等人，不是在行军路上，就是在作战指挥室里。

为了确保在龙冈地区围歼国民党前线总指挥兼第 18 师师长张辉瓒的部队，毛泽东和朱德要亲临前线指挥。12 月 30 日凌晨，陈树湘带部分战士对黄竹岭附近进行了反复侦察，并对周围几十里进行了警戒。这里位于龙冈、君埠之间，茂林修竹，溪谷淙淙，既便于隐蔽，又便于观察周边环境。一切安排妥当后，他带人护送毛泽东、朱德等首长上山，于天亮前进入临时指挥所。

拂晓，细雨浓雾，山中雾气更大、水汽更重，脚下的石块尤其湿滑，陈树湘带着几个骨干严密注意敌情。这时，陈树湘听到毛泽东对朱德说："总司令，你看，真是'天助我也！'三国时，诸葛亮借东风大破敌兵；今天，我们乘晨雾全歼顽敌啊！"

果然，12 月 30 日 5 时，张辉瓒率部由龙冈向五门岭推进，刚进入狭窄山路时，突然遭到预先在这里设伏的红军居高临下的猛烈袭击，退路又被切断。战斗从上午 10 时开始，激战到下午 6 时。其间，红 3 军前线人手吃紧，派人到黄竹岭求援，陈树湘奉命留下部分战士保卫毛泽东、朱德安全，自己也加入了战斗。他在战斗中奋勇拼杀，冲在第一线。战斗最紧张的时候，红军的援军赶来，四面包围，活捉张辉瓒，全歼第 18 师师部和两个旅 9000 余人，缴获各种武器 9000 余件，子弹 100 多万发，电台 1 部，取得了第一次反"围剿"的首战大捷。

红一方面军乘胜挥师向东，抄近路，翻过一座高山，直取第 50 师师长谭道源部。1931 年 1

月 3 日晨，红军进抵东韶附近，向第 50 师发起攻击。其他各路国民党军队仓皇逃走。

在第一次反“围剿”中，陈树湘见证了红一方面军在 5 天内连打龙冈、东韶两个胜仗，这是自红军创建以来同国民党军队作战取得的空前的大胜利，不仅在红军上下，而且在全国引起强烈震动。从此，他更加由衷地佩服毛泽东，同时深感保卫毛泽东等红一方面军领导人安全的责任重于泰山。

随着战斗经历的不断增加，陈树湘对毛泽东要求指战员们“既要会打圈，又要会打仗”的理解更加深刻。他希望自己能够成长为指挥千军万马的红军指挥员。于是，他决定从带好特务队入手，把特务队打造成一支作风硬朗的战斗队。

在不打仗的日子里，陈树湘坚持对特务队进行思想动员和作风整顿，并注重将自己掌握的军政知识传授给队员们。如此一来，大家都愿意和他交心，特务队的精神面貌也越来越新、士气也越来越高。

在此后的第二、第三次反“围剿”作战中，

陈树湘带领特务队，更加精心、细致、一心一意地做好毛泽东、朱德等领导人的保卫工作，确保了红一方面军领导机关的绝对安全。

担任独立师师长

赣水苍茫闽山碧，横扫千军如卷席。1931 年 9 月，老红 12 军（红 1 军团第 12 军）进入汀州与新红 12 军会师，并在长汀一带进行了一个多月的休整。

这时，陈树湘受命到宁化曹坊任独立第 5 团团长，准备组建独立师。他一到曹坊镇，就深入到群众中，了解乡土民情，做扩红的宣传。随后，陈树湘组织 5 团官兵们在曹氏家庙左侧的操场上搭台演戏 3 天，召开扩大红军动员大会。曹坊镇到处张贴了“扩大百万红军”“打土豪分田地”的标语，锣鼓队、秧歌队走街串巷进行宣传，热闹非凡。在扩大红军大会的精神鼓舞下，曹坊镇 90%

以上的青壮年自愿报名参军。

红军的队伍扩大了，但周围的反动势力仍十分猖獗。为了压制敌人，鼓舞人民，陈树湘决定带领独立5团适时出击。他们昼伏夜出，四处伏击反动还乡团，毙伤俘敌数十名，还缴获了部分枪支、弹药，加入独立团的青年也越来越多。至此，独立团的名声更响，使宁、汀、清、连等地的刀团匪和保卫团等反动势力不敢妄动。不久，根据上级的指示，闽西地方武装相继成立独立师、独立团，其中上杭、长汀两县独立团合编为独立第7师，陈树湘任独立第7师师长。

独立第7师虽然成立了，但部队的条件非常艰苦，当地人民群众正缺食少穿，土豪也都跑光了，筹款筹物相当困难，部队连吃饭问题都很难解决，更重要的是懂军事和懂政治工作的干部奇缺。为解决部队给养问题，陈树湘安排人员到上杭、长汀等地筹款和发动群众。为尽快提高干部能力和军事素质，他边干边训，注重在战斗中选拔和培养。为巩固和扩大闽西革命根据地，陈树湘率领独立第7师积极配合红12军向周边发展，先后参加了攻打永定湖雷、坎市等地区的战斗，扫清了各县的地主武装。部队指战员在战斗中得到很大的锻炼，虽然战斗力和精神面貌还不能和红 12 军相比，但已经较成立之初有了很大改观。

1932 年 2 月，中革军委通令撤销闽西苏维埃政府军事部，成立闽西军区，罗炳辉任军区总指挥、谭震林任军区政治委员。总指挥部下辖闽西各县独立团、独立营和中国工农红军独立第 7 师、第 12 军等部队。闽西军区总指挥部的主要任务是以县为单位，集中工农武装组织独立团，加紧整训以提升战斗力，发展革命战争，巩固闽西，向闽北发展，使闽赣苏区打成一片。

2 月 23 日，陈树湘率独立第 7 师配合红 12 军主力，向武平县发起攻击，经两小时激战，将国民党军钟绍奎部“敢死队”击溃，并将其余各部逐个击破，迫其弃城逃窜。24 日，攻占桃溪，消灭钟绍奎部独立营。此后，陈树湘率领独 7 师一面消灭武平周围零星团匪，搜捉土豪，一面挥师直指上杭。上杭守敌听说红军来攻，不战而退，弃城而走，红军 26 日进占上杭，随即追击逃敌，直至闽粤边境之岩前、象洞。

战斗中，陈树湘一边指挥，一边带头猛打猛冲，在他的模范行为影响和带动下，全师战斗力得到很大的提升，指战员打起仗来都是嗷嗷叫的小老虎。

随着闽西红军的不断胜利和人员的不断增加，福建军区又相继组建了独立第 8、第 9、第 10 师，陈树湘调任独立第 9 师师长。他一来到独立第 9 师，就针对部队新兵多、成分新的特点，加强部队的军事训练工作。他采用因地制宜、因材施教的理念，通过分级训练、定期检查、开展竞赛、表彰先进、树立标兵等多种方法，设法提高官兵参加军事训练的积极性和增强实际效果。他秉持从战争中学习战争的优良传统，十分注意训练与作战的结合融通，针对许多战士“昨天入伍、今天就要打仗”的现实情况，他依据战士自身装备和作战任务确定训练内容，全力提高技术、战术水平。其中，技术训练，主要是提高射击、刺杀、投弹、土工作业水平；战术训练，侧重于运动战的训练和研究，以提高战术运用能力。

在训练中，陈树湘尤其注重培养指战员的勇敢顽强精神和不怕疲劳、不怕牺牲、连续作战的作风。对于新战士这个群体，他亲自拟订训练计划，选调部分老战士和已参加红军且军事技术较好的俘虏兵，为新战士进行示范，既密切了官兵关系，又起到了立竿见影的训练效果。

在独 9 师官兵的心目中，陈树湘是一个兄长般的师长，打仗时，他总是站在最前面指挥，有时带头冲锋；日常训练中，经常和官兵们在一起帮助指导，对待部属和战士既亲切又有耐心。有一次，一个排长教战士动作总是停留在口头说教，战士不好理解，排长有些失去耐心，陈树湘见了，就上前去对他说："喊破嗓子，不如甩开膀子。"接着，他让这个排长重新示范，直到把战士们都教会了才又热情地拍了拍他的肩膀。

1933 年 3 月，当红一方面军在中央革命根据地北部进行第四次反"围剿"作战时，位于根据地东南的国民党军乘机进犯长汀地区。为适应斗争形势发展的需要，中央作出了将独立第 7、第 8、第

9 师等迅即“编成红 19 军的决定”，下辖第 56、第 57 两个师，陈树湘被任命为第 56 师师长。红 19 军主要在龙岩、上杭、武平等地活动，配合中央红军的反“围剿”作战。

红 19 军刚一成立，就在黄潭进行了整训。整训期间，军长叶剑英、政治委员杨尚昆组织了一次军训比武大会，陈树湘率部参加并“对阵”第 57 师师长韩伟。第一个比赛科目是跳高，陈树湘憋足了劲儿，一下子跳过了一米五，韩伟个头比他低半头，没有跳过一米五。紧接着是跳远，陈树湘以一脚之差输给了韩伟。陈树湘急了，在随后的百米障碍中拼上全力扳回了 1 分。后面是投弹、刺杀、射击等项目的比赛，最终成绩是两位师长的比分恰好平局。杨尚昆笑着说：“好！既然咱们两位师长已经打成平手，要分输赢，就得看哪个师的战士更过硬喽！”一句话就把两个师战士们勇争第一的情绪给调动起来了。各参赛选手摩拳擦掌、齐心协力，经过几个回合的比拼，最后是陈树湘的第 56 师夺取了胜利。

经过这次整训和比武，全师官兵关系更加密

切，部队上下更加团结，在陈树湘的率领下，以更加饱满的热情投入反“围剿”的战斗中。

泉上战斗克强敌

1933 年 6 月，中共临时中央提出了红军分离作战的方针，要求红一方面军主力分成两部分，一部分组成中央军，在抚河与赣江之间的地区积极活动，破坏敌之作战计划；另一部分组成东方军，入闽作战。随后，红一方面军和中央苏区相关部队相继改编。其中，红一方面军第 5 军团下辖 3 个师，即第 13、第 15、第 34 师。而第 34 师是由红 19 军和红 12 军 35 师改编而来，下辖第 100、第 101、第 102 三个团。刚成立不久的红 19 军缩编为第 34 师的一部分，陈树湘所在的第 56 师，也缩编为第 101 团，陈树湘由师长改任第 101 团的团长。东方军则由红 3 军团第 4、第 5 师和红 5 军团第 34 师及红 19 师组成，红 3 军团长彭德怀兼任东方军司令员、滕代远兼任政治委员，邓萍兼任参谋长。

对于编制、职务的调整，陈树湘秉持一贯的大局观、全局观，没有任何怨言，还经常对团里的干部、战士们讲，调整编制体制，是为了适应目前革命的新形势、加强对全国的军事指挥，使全国的红军更好地配合、一致地彻底粉碎敌人“围剿”，所以不能仅仅从个人得失出发去看待这些问题。同时，他继续保持着身先士卒的战斗作风，在大仗、恶仗中，始终以高昂的劲头冲锋在前。

7 月 2 日，东方军所属各部由江西向闽西进发，到福建开辟新的根据地。陈树湘率第 101 团奉命由汀州进入宁化与清流之间集结，然后向泉上挺进。

泉上系福建宁化东北重镇，它东临归化（今明溪），南依清流，是宁化与归化之间的交通要冲，战略位置十分重要，历来是兵家的必争之地。泉上有个土堡，建于清康熙年间，周长近千米，建筑十分坚固：四周筑有高 2 丈 5 尺、厚 2 丈余的围墙。墙上设有碉堡，备有各种武器的射击孔，外围铺设石板环绕，三面环稻田，堡内有“两横七纵”9条街道。土堡驻有国民党军阀卢兴邦师307团，并有宁化、清流、石城、长汀4个县的残余地主武装，共有1200多人，储备大量的生活、军用物资，可谓国民党军重要的物资转运基地。此堡正如一颗贻害无穷的钢钉，成为东方军向东运动、扩大苏区的一个极大障碍。

彭德怀和滕代远研究后，决定先打掉这个土堡，为开辟根据地扫清障碍。采取的作战方案是“围点打援”的打法。根据作战部署，陈树湘所在的第34师担负阻敌增援的任务。

陈树湘受领任务后，立即召集连以上干部部署任务。当有的干部听说是阻敌增援，没有担任主攻，遗憾地说：“为什么我们不能担负主攻任务呢？”

陈树湘听后耐心地说道：“同志们，围点打援战术的关键就在打援，因为只有这样才能达到大量歼灭敌人的目的。如果兄弟部队围住了‘点’，我们却完不成打‘援’，那是有负东方军首长战略意图的。因此，我觉得打‘援’比打‘点’更重要。”

大家一听，觉得团长说得在理，于是，信心更加饱满。

陈树湘明白，战前的充分准备对于打胜仗至关重要。他在简要部署各营的战斗任务后，立即挑选了几名干部，与他一道去泉上周边勘察地形，精选设伏地点。陈树湘发现，雾阁地区是国民党军增援泉上土堡之敌的必经之路，这里的地形特别适合打伏击，于是安排团主力在此设伏，张开“口袋”等着国民党军钻进来。

7 月 7 日，担任正面攻击驻守泉上之敌的红 5 师打响战斗后，陈树湘立即率领部队在雾阁地区设下埋伏，指战员们早已摩拳擦掌，准备来个瓮中捉鳖。

土堡方向激烈的枪炮声越来越紧，一些急性子的战士早已按捺不住，陈树湘急令部队做好隐蔽，没有他的命令绝对不能开枪。接着，他又挑出几个机灵的战士往泉上方向进行侦察警戒。过了许久，派出的几名侦察兵带回消息：敌一个团兵力即将进入我设伏阵地。

陈树湘让传令兵传令下去：所有人打起精神，

子弹上膛，听号令随时准备战斗！

突然，传来几声枪响。陈树湘大声斥问："是谁擅自开枪？"

身边的人答道："团长，这是敌人怕中埋伏，朝山上乱放的枪。"

陈树湘压低声音说："这些国民党的兵越来越精了，大家时刻准备战斗！"

这时，国民党军第309团的先头部队已经进入雾阁地区的预设阵地，陈树湘让大家先放他们过去，待敌大部队钻进"口袋"后，再突然开火，一举拿下他们。

敌人见此地一切正常，便放松了警惕，加快了前进速度，很快就全部钻进了陈树湘设好的"口袋"。陈树湘一声令下，各营按照预定分工发起猛烈攻击。手榴弹雨点般从天而降，将敌人炸得人仰马翻。战士们有的负责"拦腰"，有的负责"掐头"，有的负责"打尾"，敌军队伍乱作一团，四处溃逃。此战，击毙敌旅长以下100余人，俘敌300多人，伤敌众多，并缴获大量枪支、子弹和其他军需品。

几天后，担负正面攻击任务的红5师也向守敌发起了总攻，他们通过挖掘地道的方式炸开土堡和高墙，进入城内与敌激战3小时，将土堡内的敌人全部歼灭，共毙敌团长以下400余人，俘敌1400余人，缴获大批枪支弹药、粮食和食盐等物资，还挖出1万多块银圆。

盘踞在清流县城内的敌卢兴邦308团见大事不妙，率部弃城向永安撤退。陈树湘接到对敌追击命令，迅即率团奔赴秋口，截击从清流城内撤出的敌人，将其压回清流。接着，陈树湘率部转战至马屋附近，击溃从连城出来增援清流的第19路军78师一个团，有力配合了红4师攻占清流县城，受到上级的表彰。此时战斗尚未结束，陈树湘又奉命奔袭四堡。驻扎在四堡的敌两个步兵团，闻讯连夜撤回连城。

随后，红3军团组织发起连城朋口战斗，决定以红5、红19师为正面攻击部队，由红34、红4师在运动中消灭敌人。7月28日凌晨，红5、红19师向朋口、莒溪守敌同时发起进攻。敌区寿年第78师从连城派出钟经瑞的466团连夜赶到莒溪附近，准备次日增援朋口。这时，陈树湘率部先敌一步抢占朋口东侧之高山，钟经瑞团力夺这个制高点，红 5 师 13 团立即插至敌后，对敌形成夹击之势。不等天亮，腹背受敌的钟经瑞团即被围歼。但区寿年并不死心，又派出丁荣光团和黄康营赶至营溪附近，亦于当天下午被陈树湘所在的红 34 师和红 5 师歼灭。

30 日下午，敌第 19 路军总指挥部电令区师放弃连城，撤往永安。31 日，区寿年师向永安逃窜，宿营于姑田。次日晨，红 3 军团追击部队及时赶到，区师大乱，陈树湘率团向区寿年第 78 师一个团连续进攻，激战竟日，歼其大部。

陈树湘率部在红 3 军团的领导指挥下，接连取得泉上、朋口大捷外，还解放了清流、明溪、连城等广大地区，恢复了上杭、新泉、连城各县苏区，开拓了泉上、清流、归化纵横数百里的新区，与原来的苏区连成一片，扩大了政治影响，扩充了红军，并筹集了大量物资，部分解决了中央苏区和红军的穿衣、吃盐等实际困难，红军将士和群众都欢欣鼓舞。

战斗结束后，陈树湘被任命为第 34 师师长，程翠林任政治委员。

第五次反“围剿”中的红 34 师

1933 年下半年，蒋介石调集 100 万军队，自任总司令，准备发动对各革命根据地的第五次“围剿”。他吸取过去失败的教训，强调实行所谓“三分军事，七分政治”的方针，对根据地实行经济上严密封锁，在军事上采取持久战和“堡垒主义”的新战略。首先以 50 万兵力，于 9 月下旬开始向中央苏区进攻。

此时，红军只要采取符合实际的作战指导便能粉碎蒋介石的第五次“围剿”，但恰恰在作战指导上出现了重大失误。由于中共临时中央负责人博古把红军的指挥大权交给了完全不了解中国实际的德国人，即共产国际派来的军事顾问李德。大权在握的博古、李德排斥毛泽东领导的前几次反“围剿”斗争胜利的经验，提出了“不让敌人蹂躏一寸苏区”“御敌于国门之外”等一些完全不切实际的战术与口号。他们认为，蒋介石采取了新的战术，红军过去反“围剿”的那一套作战方法已经不适用了，要采取以堡垒对堡垒、阵地对阵地的方法，迫使红军与兵力10倍于己且装备精良的敌军打阵地战、消耗战，以正规战对付蒋介石的进攻。

9月28日，黎川城的失守使李德、博古极为震惊，他们立即命令正在围攻顺昌、延平等地的东方军向赣东北回师，与中央军会合以收复黎川。而此时，红3军团和红34师等部队正值在闽北消灭敌刘和鼎部、发展福建苏区的大好时机。即便如此，李德、博古拒不考虑红军的运动战特长，坚持提出“全线出击”“御敌于国门之外”的方针，命令东方军去进攻黎川北面敌重兵扼守的据点硝石、资溪桥、浒湾等地，企图重占黎川。

10月13日，南城之敌第9、第11、第14、第94师进抵硝石，面对强敌，陈树湘所在的东方军各部不得不撤出战斗。随后，敌人又在硝石至资溪桥不到20公里宽的地区集结了7个师另1个旅的兵力，企图完成对黎川、硝石之间的碉堡封锁线。在敌人如此密集的兵力部署下，李德又命令东方军各部队插到敌人堡垒间隙去消灭敌人。红军主力在敌人堡垒间奋战 4 天，既没能占领资溪桥和潭头，也没能调动敌人，红军主力白天遭到敌机轰炸，晚上在野外露营，十分疲惫。最后不得不于 26 日放弃在资溪地区与敌决战的计划。

眼看着全师上下士气低迷、精神颓废的样子，陈树湘比打了败仗还要焦急。除了不断跟进的思想工作，他甚至带着大家一块唱起了先前在闽西闹革命时的山歌：

> 不怕强盗不怕偷，不怕白鬼来烧楼！
> 旧楼烧掉无要紧，革命成功盖新楼。
> 打起红旗呼呼响，工农红军有力量。
> 共产万年打天下，反动终归不久长。

这首热情洋溢、气势磅礴的革命山歌，总是能让陈树湘眼前浮现出遍山红旗、风雷万里的闽西暴动的热烈情景。每每在低沉时想起、唱起，他便会感觉身上又有劲儿了，心中又有火了，眼里又有光了。官兵们在他的带动下，也开始重整旗鼓、重振士气。

形势急转突变。11月20日，国民党第19路军将领蔡廷锴等在福州发动“福建事变”，成立了“福建人民革命政府”，宣布联共、抗日、反蒋，并同共产党和红军签订了抗日反蒋协定。蒋介石急忙从“围剿”红军的北路军中抽调了7个师，又从其他方向抽调4个师，以11个师的兵力开赴福建镇压第19路军。至1933年年底，蒋介石入闽部队已逼近南平，矛头直指福州。蒋介石为保证其进攻第19路军的侧翼安全，同红军发起进攻。

对此，在红3军团和红34师回师泰宁前，根据中革军委的命令，以驻守泰宁的红19师为基础，成立了红军第7军团，下辖3个师，寻淮洲任军团长，萧劲光任政治委员，红34师即划归红7军团指挥。

1934年1月，红一方面军总部与中革军委合并，方面军所属部队由中革军委直接指挥，称中央红军。1月2日，中共临时中央为保卫中央苏区侧翼安全，命令红 3 军团 3 日起开始向沙县机动，红 34 师仍配合红 3 军团作战。在作战中，陈树湘将部队部署在山头阵地上，凭借修筑的掩体工事和阵前设置的障碍物，与国民党军北路军第 3 路军 10 纵队指挥官汤恩伯所率第 88、第 89 师展开激烈战斗。红 34 师官兵冒着敌机的狂轰滥炸，打退了敌军的轮番进攻，以惨重的伤亡代价，胜利完成了牵制敌军的重要战略任务。

接着，陈树湘又率部攻克将乐、归化等县城，并解放了沙县外围的富口、夏茂等镇。1 月 11 日，红 34 师配合红 3 军团又一次包围沙县县城。战至 25 日拂晓，一举全歼守敌。此时，为了阻击南进之敌，上级决定仅留红 34 师驻守沙县县城。

而这段时间，革命形势发生了突变。博古、李德等人害怕红军主力深入敌人统治区会丢失根据地，遂采取“关门主义”的策略，他们根据共产国际的指示，对第 19 路军在宣传上采取“最严格的、无情地揭露福建派口号与政纲的反动性，及其领袖的动摇、妥协、投降”，在军事上坐山观虎斗，不给第 19 路军任何支持。第 19 路军在蒋介石大军围攻和高官厚禄的收买下，很快瓦解。到 1 月底，“福建事变”即告结束。

蒋介石打败第 19 路军后，在福建成立了以蒋鼎文为“剿共”总司令的东路军，形成了对中央革命根据地的四面合围之势。中央红军打破敌人“围剿”的有利战机最终被博古和李德这些只懂书本的人亲手葬送了。

不久，驻守在沙县的陈树湘红 34 师，即遭到蒋鼎文部的猛烈围攻。陈树湘及时调整部署，组织官兵们实施强有力的抵抗，大量杀伤、消灭了敌人。

2 月，红 34 师奉命撤出沙县县城，开往宁化、清流、归化一带消灭民团，打击土匪，筹集粮食，发动群众，组织地方武装，准备和敌人进行游击战争。

梅口鏖战

第五次反“围剿”前期冒险进攻失利，丧失

了有利战机，以博古、李德为首的临时中央和中革军委不但没有总结教训，而且仍在实施错误的指挥。他们令红 34 师实行“短促突击”，同敌人打阵地战、堡垒战、消耗战。部队只能继续长途奔袭，从闽北的邵武、光泽，进入江西的资溪、金溪，参加浒湾地区的战斗。虽然打得十分顽强勇敢，但由于作战指导的失误，红 34 师官兵与敌相持数天后，仍未攻克浒湾，只好主动撤退。

1934 年 3 月初，陈树湘和政委程翠林又率领全师随红 5 军团转至黎川县城以南的团村一带进行设防，阻击汤恩伯纵队向南的进攻。官兵坚持阵地作战六七天，打退敌多次进攻，但自身也伤亡惨重，陈树湘也在此次战斗中负了伤。部队撤出战斗后，红 34 师奉命进入泰宁地区暂行休整，补充兵员。不久，师部接令继续坚守泰宁县城。

为了提高认识、统一行动，陈树湘在泰宁县城召开全师主要干部会议。会上，对于下一步应选择死守泰宁还是主动出击，意见分歧较大，争论十分激烈。陈树湘认识到，前期在采取主动进攻的策略失败后，如今又走入了另一个极端，开始十分惧怕敌人的力量，转而采取处处设防、节节抵抗的这种最简单却无效的办法。

这时，第 100 团团长韩伟和其他两个团主官都主张立即出击，反对死守。又经过一番热烈讨论，眼看大家就要达成一致意见、准备立即出击时，上级却直接否定了他们的主张，令陈树湘率部死守泰宁。陈树湘百般无奈，却只能听令而行，率部在城关周围山头阵地上修筑了许多碉堡和掩体工事，还在主要阵地前沿架设了鹿砦、竹签、地雷等障碍物，各阵地之间均挖有交通壕，就地等待敌人的进攻。

进攻泰宁之敌似乎早已摸透了红军的战术，发起攻击前，先出动飞机狂轰滥炸了一大圈，又用大炮轮番轰击了好一阵，天上、地下接连不断地破坏，使红军费劲修成的工事很快沦为焦土。面对这种以短击长的打法，陈树湘无法擅自改变军令，只能暗自扼腕叹息，继续指挥全师上下同仇敌忾、顽强抵抗。激战一天一夜，虽打退敌人多次进攻，却终因寡不敌众，致使泰宁失守。

陈树湘奉命率部退至泰宁县梅口地区，重新

组织防御。梅口地处福建三明的泰宁与建宁之间，是中央苏区宁都和瑞金的门户，战略地位十分重要。4月初，面对敌人再次发起的攻势，陈树湘召集全师营以上干部开会，分析了梅口的地理条件和风土民情。随着革命斗争经验的不断积累，陈树湘十分重视组织和发动群众，并亲自到当地政府做动员，力求争取更多群众支援，以便抢在敌人到达前修筑好工事。临去动员前，他特地把全师干部集结起来，对他们反复强调动员群众之于革命工作的关键作用。

经过周详计划，他们会同当地政府，很快就把梅口的群众动员、组织起来了。军民一齐动手，仅用一天多的时间，就在梅口沿河滩挖掘、修筑了许多战壕掩体，使下一步的作战行动进退有据。在政府和民众的激励下，全师上下士气高昂、严阵以待。

等国民党军第88师一到达梅口，整营、整团的敌人密密麻麻、一片片地向红军阵地扑来。陈树湘一声令下，红军阵地以密集火力予之迎头痛击。敌军白天进攻未成，遂改在天黑后调派工兵架桥，企图强渡金溪河。在血与火的激战中，陈树湘等师团领导身先士卒，率领红军指战员冒着弹雨，一次一次冲出战壕，向敌人发起攻击。弹药打光了，他们就用刺刀拼、马刀砍、枪托砸，与敌人展开肉搏战，连续打退了敌军整连整营的集团冲锋，直杀得敌人尸横遍野。经过七天六夜的鏖战，陈树湘率领红 34 师大大迟滞了国民党军的进攻步伐。

战至 4 月 18 日，陈树湘才率部从梅口撤出战斗，奉命到达建宁接替红 15 师防务，主要任务是阻击由黎川南下和泰宁西进之敌。

战斗打响后，敌人在飞机、火炮的掩护下，每天前进三五里。经过前期几番辗转，面对日益单薄的兵力，陈树湘和师其他领导共同决策认为，如果继续绝对听任“左”倾机会主义者的错误主张，全师的兄弟们将继续以无谓的牺牲为之付出惨痛代价。顶着巨大压力，陈树湘下令，只要地理条件对我方作战有利，就要果断利用反冲锋，不断击退进攻之敌。在他的指挥下，红 34 师且战且退、有进有退，坚持了 10 多天，直到 5 月初才主动撤出建

宁县境。

5 月 5 日，陈树湘奉命率师后撤至江西石城的驿前地区设防。此时，久经淬炼的陈树湘，不但善攻，而且善守。面对国民党军蒋鼎文部连夜发起的进攻，他率全师英勇抵抗，坚守住阵地，组织了数次出击，竭力打退了敌人进攻，经多日激战，才接令与兄弟部队换防，准备受领新的战斗任务。

高虎脑展雄威

1934 年 5 月初，为遏制南进之敌、保卫中央苏区，红 3 军团军团长彭德怀、政治委员杨尚昆奉命率部在江西省抚州市广昌县境的高虎脑一线布防，组织所部挖掘堑壕、掩体工事及弹坑。后与国民党军在此展开了一场大规模的殊死阻击战。红 34 师又奉命开赴高虎脑西侧的香炉寨防守。

高虎脑位于大寨脑之南，主峰海拔 406 米，地处赤水、驿前之间，相距两地各10公里，扼控着广昌到石城的大道。从广昌至高虎脑的山路上，沿途两侧的山峰绵延不断，悬崖峭壁随处可见。

由于作战形势复杂，6月底，陈树湘率部连夜赶到香炉寨后，立即指挥部队抢挖工事。这时，彭德怀来到他们的阵地前视察，见陈树湘袖管挽到臂弯，皮带间插着一支“二十响”的德国造快慢枪，满脸油汗，散发出一股豪壮之气，便高兴地拍了拍他的肩膀说：“早就听说你的大名了！这回又正好在高虎脑打仗，希望你带出来的这支虎啸生风的队伍，再于此地打出个虎胆虎威！”接着，彭德怀对他交代了红34师的具体任务：“乘胜突袭到敌人侧翼去，破坏敌人后方，保障我们正面的攻击。”

陈树湘早就听闻过彭德怀的赫赫威名，也曾见过几面，但直接打交道不多。他对这位曾领导过平江起义、在湘鄂赣边开展游击战争、创建了湘鄂赣苏区的红军指挥员十分敬仰，对于他参与指挥中央苏区历次反“围剿”作战的卓越才能十分佩服。他紧握着彭德怀的手，振奋地说：“保证完成任务！”

7月21日拂晓，汤恩伯所率国民党军第3路军第10纵队主力第4师以“羊群战术”向红15师正面阵地发起疯狂进攻。正面阵地的红军指战员利用前沿的地雷、“地黄蜂”（地下埋竹钉）阵地消灭敌人。陈树湘则派出精兵，沿着高虎脑西侧的一片松林，突入敌侧后15里，集中一切火力猛袭，使敌人顾此失彼，在兄弟部队正面攻击的反冲锋下，红军阵地岿然不动，敌兵却败如山倒，溃退10多里。

“猛虎扑羊群，硝烟弥漫；人海翻腾，杀声冲霄汉。”面对疯了一样的国民党军，红军奋不顾身，勇猛杀敌，不仅造成敌方的惨重伤亡，并粉碎了敌企图限期攻占高虎脑的阴谋诡计。

为进一步阻敌南进，8月初，红军在贯桥地区设防。战前，红军以画眉寨、良田以北高地及高脚岭、赖禾岭为警戒地带，高虎脑、半桥西北鹅形与香炉寨为主防御地带。战斗开始前数日，彭德怀、杨尚昆到前沿阵地检查工事，战斗前夕，彭德怀又到高虎脑主阵地查看情况，并对陈树湘所部此前的战场表现大加赞扬，对下一步的作战任务再加动员。

8月6日，国民党军发动攻势，其先以10多架飞机轮番进攻，接着以数十门火炮向红军阵地猛烈轰炸，而后以步兵密集队形连续向红军阵地发起冲击。霎时间，阵地上浓烟滚滚、炮声隆隆，子弹如蝗虫般飞向红军阵地，断木碎石倾泻而下。

面对强敌，陈树湘率领队伍利用枪弹、手榴弹、地雷、“地黄蜂”、鹿砦等武器和险要地形杀得敌人尸横遍野，山上的松树烧得只剩下枝干，但大家仍英勇坚守阵地，顽强战斗。至上午9时，在飞机大炮掩护下，国民党军再次出动6个师主力，以密集方队发起冲锋。陈树湘率领红34师与红4、红5师密切配合，6次击退了国民党军6个师的轮番冲锋，守住了阵地。

翌日6时许，国民党军两个纵队向高虎脑两侧运动。红军与其鏖战终日，击溃了敌人的8次冲锋。7日，敌又以3个团兵力发起冲锋，再次被红军4次反冲锋击溃。

炮火连天，弹片横飞，陈树湘镇定指挥部队，当敌军冲向红军阵地前沿时，红军战士个个如离弦之箭，飞快跃出工事，敌军冲上来，红军杀下去，再攻上来，又杀下去……烟雾弥漫的阵地上，红军战士们血性充盈，子弹打完了就换上刺刀与敌人短兵相接，力挫顽敌锋芒。山谷中刀光闪闪，鲜血四溅，勇士们战至最后一刻，终于跌入战壕，舍生取义，向死而生。

经过3天血战，国民党军遭受重创，疲惫不振，被迫停止进攻。至此，红军胜利完成了阻击任务，毙伤俘敌4000多人。

胜利的号角响彻高虎脑山间，初升的朝阳照亮了高虎脑山上的红旗，分外鲜艳。8月7日，他们又奉命撤出高虎脑阵地，转移到高虎脑南大岭夹山坳公路旁的一座古凉亭——万年亭布防。

9天后，不甘失败的国民党军再次集中兵力向红军主阵地发起猛烈攻势，红军战士们奋力迎击，愈战愈勇，战况空前激烈。但因红军阵地遭敌炮火轰击而全部炸毁，子弹又告罄，紧要关头，在彭德怀的指挥下，陈树湘率部配合兄弟部队由万年亭阵地西北向敌侧后反击，再次打退敌人进攻，稳住了阵地。

高虎脑战斗，是第五次反“围剿”以来最恶的一仗。在敌众我寡、敌强我弱的条件下，红军指战员奋勇杀敌，1600 余名红军指战员用鲜血和生命阻滞了敌人侵占瑞金的进程，为党中央、苏维埃中央政府和中央红军主力的战略大转移赢得了宝贵时间。

战后，国民党北路军总指挥陈诚称：“在鹿砦外者，被侧射而死伤过半，在鹿砦之内者，无一生存。”也正是这场战役，致使陈诚被撤职。

03 英雄壮举耀千秋

铁流后卫，激战湘江

1934 年 9 月初，陈树湘和政委程翠林奉命率部开赴赣南兴国县城以北，在高兴圩参加阻击国民党军周浑元、薛岳两个纵队的战斗行列。至此，第五次反“围剿”已经进行了一年，而中央革命根据地却在明显缩小，人力、物力日趋匮乏，在根据地打破敌人“围剿”的条件业已丧失。9 月上旬，各路敌军加紧对中央苏区中心地区发动进攻，中央红军已失去在原地扭转战局的可能。陈树湘率领红 34 师在兰田、新田一线同兄弟部队一道，虽然与敌人打得异常艰苦、激烈，但也未能遏制住敌人的疯狂推进。几番连续的防御作战之下，部队也一直没能得到很好休整。

陈树湘虽然尽到了最大的努力，但也未能阻止中央苏区整个形势的日趋恶化，部队亦遭受到很大损失。他痛心、苦闷，又困惑不解，认为这样打下去，不但不能粉碎敌人的“围剿”，就连中央苏区也难以保卫住。

一个月后，经过一年苦战的中央红军被迫撤离瑞金，不得不进行战略大转移。8 万多红军将士跨过于都河，踏上漫漫征途，开始万里征程。

而在长征初期，当时的“左”倾教条主义领导者仍未能正确判断形势，把事关党和红军生死的战略转移变成了大搬家，途中携带了很多笨拙沉重的桌椅家具乃至工厂机器。因此中央红军主力的行进速度被严重拖累，每日行军不过一二十里。这就使敌人很快尾追上来，给红军主力的安全构成了严重威胁。

10 月上旬，陈树湘奉命率红 34 师撤退至兴国城以南的社富设防。不久，中革军委命令红 34 师随红 5 军团接替红 1 军团的防卫阵地，利用纵深重叠工事，节节抵抗，想方设法迟滞向南推进

的敌人，保证兄弟部队在于都地区的隐蔽与集结。18日，陈树湘又奉命率部最后撤离兴国进入于都，并在鲤鱼坝设防，掩护中央、军委两支纵队和五支主力军团渡过于都河。

陈树湘心里明白，面对疯狂追击的敌人，有效地阻敌追击，确保党中央和其他红军部队的安全责任重大、任务艰巨。为了激励斗志、振奋军心，他召开全师干部战士大会进行动员。陈树湘站在部队面前，看着眼前数千名与自己筚路蓝缕、并肩血战、一路走来的红军兄弟们，不禁感慨万千，各种滋味涌上心头。他亲切地扫望了全场，然后神情严肃地说："同志们，中革军委命令我们红34师为整个红军队伍的后卫，坚决阻击尾追之敌！大家有没有信心完成任务？"

"有！有！有！"全师战士的吼声惊天动地。

大家信心百倍、斗志昂扬的精神面貌给了陈树湘极大慰藉，他接着说道："红34师边打边走，走在后头。根据以往的战斗经验和当前情况来看，尾追之敌必定是敌人的精锐部队，我们必然有很多硬仗要打，必将要付出比以往更为巨大的牺牲，大家怕不怕？”

“不怕牺牲！红军必胜！”战士们异口同声，喊声震天。

此时，红军每前进一段都十分艰难，可谓前有敌军堵塞、后有敌军追击。陈树湘作为“打狗队长”，兵不卸甲、马不卸鞍，哪里出现了敌人的追兵，就迎上去指挥部队展开阻击，采取“拿棍打狗，边打边走”的方法完成后卫任务。

10 月下旬，陈树湘率领红 34 师先后在安息和古陂阻击尾追的粤军第 1 军；在南路与敌余汉谋部展开激战，保证中央机关和大部队顺利地通过信丰河，进大坪，过梅关，向大余开进；在汝城又兵分两路，阻击粤军和湘军从南北两路夹击的前锋团，掩护中央机关和部队向延寿、文明司前进。接着，在汝城县西南的延寿、岭秀、靶子场、珊瑚岗一带，协助红 13 师同追敌湘军第 62 师、粤军第 1 师作战，掩护红军各路沿郴州、宜章西进。

战至 11 月 13 日，各路红军胜利突破了敌人的第三道封锁线后，并在宜章短暂休整。这时，敌第 3 路军司令周浑元的 4 个师追了上来，进到了宁远和道县边界的天堂圩、柑子园附近。陈树湘果敢指挥红 34 师迅速抢占几块高地，和红 1 师一道与敌军展开激烈战斗。陈树湘沉着地指挥全师，凭借有利地形，节节抗击，迟滞了敌军行动，又一次掩护红军主力和中央机关摆脱了敌人，并于 25 日在道县、江华间顺利渡过潇水。随后，红 34 师在道县城南设防，拆除浮桥，隐蔽船只，并组织部队在道县城南葫芦岩、岑江渡阻击敌军。

道县素有“襟带两广、屏蔽三湘”之称，自古为兵家必争之地。气急败坏的蒋介石在得知中央红军准备强渡湘江后，马上调集五路国民党中央军，并不惜重金收买李宗仁、白崇禧和陈济棠等人，聚集 25 个师 30 万人紧追红军而来，并很快依托湘江设置了第四道封锁线，妄图利用湘江天险，让红军重蹈“石达开兵败大渡河”的覆辙，使全军覆灭于湘江之侧。

此时，红军前有湘江拦阻，后有重兵紧追，而渡过湘江对于 8 万之众的中央红军而言，需要相对充裕的时间，这势必将给后卫部队带来极大压力。

11月25日，中革军委在道县豪福村向全军发布了抢渡湘江的战斗命令。26日，红34师各团主官突然接到通知，要求即刻到军团去领受任务。红5军团部驻在湘桂交界的蒋家岭。几个团长、政治委员一路小跑，快到蒋家岭时，只见军团长董振堂、参谋长刘伯承大步迎了上来。不一会儿，师长陈树湘和政委程翠林也赶来了。这是军团首长第一次单独召见第34师的师团干部布置任务。

董振堂开门见山严肃地说："现在，蒋介石调集的近20万'追剿军'向我步步紧逼，情况很严重。敌人在潇水至湘江这个盆地上，布下一个袋形阵地，形成第四道封锁线，我军现已处在敌人袋形阵地之中！朱总司令命令全军组成4个纵队，迅速从兴安、全州之间抢渡湘江，前出到湘桂边境的西延山区。"然后，他郑重宣读了中央革命军事委员会的命令，要求红34师留在原地"坚决阻止尾追之敌"，以掩护走了弯路、行动落后的红8军团，同时担任整个中央红军的后卫，掩护主力红军和中央机关两个纵队安全渡过湘江。

接着，刘伯承深情地对大家说：“中革军委把掩护全军的任务交给红 34 师，这既是对我们的最大信任，也是经过慎重研究决定的。红 34 师是在毛泽东、朱德同志亲自关怀和谭震林、罗瑞卿、萧劲光等同志具体帮助下，由闽西人民子弟兵逐步改编、组建起来的。师团干部大多数是原红 4 军调来的骨干和红军学校毕业的，作战经验丰富，指挥能力强。广大指战员阶级觉悟高，士气旺盛，战斗力强。在一年多的时间，虽然隶属关系几次变更，但始终服从命令听指挥，指到哪里，打到哪里，屡建战功，在突破前三道封锁线中圆满完成了后卫任务。”

说完，刘伯承又详细介绍了敌情：何键第 1 路军已由东安进至全州、咸水一线，第 2 路军一部进至零陵、黄沙河一线，第 3 路军尾我直追，第 4、第 5 路军向东安集结。敌人的企图是，前堵后追，南北夹击，围歼我军于湘江之侧。

最后，刘伯承以极其坚定的语调说，红 34 师是有光荣传统的部队，朱总司令、周总政委要我告诉你们，军委相信红 34 师能够完成这一伟大而艰巨的任务！

话音刚落，陈树湘就带领几位师团首长共同表态：“请军团首长转报朱总司令、周总政委，我们坚决完成军委交给的任务，为全军团争光！”

两位军团首长布置完任务，又单独对陈树湘叮嘱了一番。刘伯承拍着他的肩膀，语重心长地说：“在敌重兵压境的情况下，把红军全军的殿后任务交给你们师，这副担子很重啊！你们既要完成军委赋予掩护全军抢渡湘江的任务，又要作好万一被敌截断后孤军作战的准备，这副担子很重啊！”

董振堂又说：“你们师团干部要组织好、指挥好，带领全师部队英勇作战，全军团期待着你们完成任务后迅速过江！”

此时，红 34 师仅余不到 5000 人，想到极端悬殊的敌我兵力对比，陈树湘神色有些凝重，但仍义无反顾地说：“请首长放心，34 师全体战士始终心向党和红军，一定不辜负军委赋予我们的光荣使命！”

回去的路上，陈树湘边走边下达任务：“根据上级指示和我师情况，我考虑由韩伟同志率 100 团先行，急进灌阳方向，接替红 6 师在红树脚地域，阻止桂敌北进的任务；我带领师部和 101 团居中，程政委带 102 团跟进。在掩护红 8 军团通过苏江、泡江后，迅速西进，在文市、水车一线占领有利地形，阻击追敌周浑元等部，保证主力部队渡江。”

陈树湘所部在掩护红军主力抢渡湘江的战斗中打得十分艰苦。11 月 26 日拂晓，红军史上最壮烈的湘江战役正式展开。陈树湘率部先与尾追之敌李云杰、李韫珩部及地方保安旅、团频频接火，边打边走。27 日，陈树湘率全师经蒋家岭、雷口关急速进入灌阳，再在水车至文市一线部署兵力，阻击追敌。

28 日，一场淅淅沥沥的冬雨不期而至，天气异常阴冷。天还没放亮，已连续数天行军、战斗和修筑阵地的战士们从梦中被叫醒，又摸黑继续忙活开了。陈树湘指挥全师在湘江东岸、广西水车一带山上刚布置好阻击阵地，敌军就从四面八方涌来，空中还有几十架飞机轮番侦察和轰炸。地面南有桂敌夏威部，东有李云杰、李韫珩部，北有薛岳、周浑元、罗卓英、王均部。面对十几倍于己的敌人和即将展开的殊死战斗，陈树湘镇定自若，指挥全体指战员从三面死死顶住敌人，顽强地阻击着敌人的疯狂进攻。

战斗进行了一天，红军的阵地到处都被打得稀巴烂。第一道工事连影子也没有了，山上的松树都烧得只剩下些树干，谁也记不清已经打退了敌人多少次进攻。大家唯独记得清楚的是，师长陈树湘发出的号令：我们的背后就是湘江，我们这座小山，就是全师的前哨阵地，我们要坚决守住它，保证中央纵队顺利渡过湘江。在陈树湘的教育动员下，指战员们都深深懂得，只要阻击能多坚持一分钟，就能为党中央和红军主力减少一分渡江的危险。

29 日拂晓，更激烈的战斗又开始了，敌人凭借精良装备和雄厚兵力，连续发起进攻。陈树湘沉着果敢，指挥全师官兵顽强抗击，激战一上午，敌人没有得到便宜，发起的 10 多次进攻全都被红军打垮了。然而，红 34 师的第二道工事又被敌人的炮火摧垮后，伤亡越来越多。

不一会儿，敌军又从北、东、南 3 个方向向红 34 师阵地扑来，全师官兵死死顶住。每当敌人进攻被打退后，就以强大的炮火对第 34 师阵地进行猛烈轰击，再派步兵进行集团冲锋。在这一强大攻势面前，陈树湘始终在最前面指挥，战士们总能听到他雄浑有力的呼号声："同志们！千万红军的希望，就在你们身上！坚决地顶住敌人！消灭敌人！"

30 日，红 34 师在中央纵队后面的文市以东地区，继续与周浑元指挥追击的第 3 路军 4 个师展开决斗。该敌自恃兵力众多，装备先进，遂来势汹汹，气焰嚣张至极，妄图一举消灭阻击的红 34 师。全师官兵个个抱定必胜的信念和视死如归的决心，与敌展开血战。各营连阵地上，烟尘滚滚，杀声震天，大家都打得英勇无比，许多同志负伤不下火线。直到深夜，才终于阻住了绝对优势之敌，以极大的牺牲保证了红 1、红 3 两个主力军团开江辟路，为中央机关和中革军委两个纵队渡江赢得了宝贵时间。

湘江战役，是中央红军长征初期突破国民党

军第四道封锁线的关键一战，也是中央红军长征以来最紧张、最激烈的一场战斗之一，从长征出发至此，中央红军由 8.6 万人锐减到 3 万余人。最惨烈的战事就发生在担负总后卫的红 34 师的阵地上，在四天五夜的鏖战中，红 34 师的指战员前仆后继、死伤无数，鲜血染红了湘江水，全师已锐减至不足千人。他们以人民军队历史上首次整师整团的壮烈牺牲，完成了阻击敌人、保护中央过江的历史重任。自此以后，桂北民间也一直流传着那首家喻户晓的民谣："英雄血染湘江渡，江底尽埋英烈骨。三年不饮湘江水，十年不食湘江鱼。"

阻隔在江东

中央红军和各路纵队突破湘江后，陈树湘接到中革军委的命令："立即向湘江渡口转移，迅速渡江。"他立即下令做好渡江准备，要求收缩部队，掩埋好同伴的尸体，疏散安置受重伤的战友，派先头分队迅速赶往江边架好浮桥。当部队开始西渡时，却遭到天上敌机的轰炸、地面敌军的围攻。刚架的浮桥被炸毁，队伍又伤亡了200多人，渡江已无可能。此时，红军在湘江的主要渡口界首也被桂敌占领，国民党的各路大军正向红34师合围过来，并重兵封锁了北起湖南东安、南至广西兴安的整个湘江沿岸。陈树湘只好率部突出重围，沿湘江东岸北进，经大塘、苗源，到达全州南边的洪水箐，直到夜半才抵达椅子坪一处小山村歇息。

初冬的桂北阴雨连绵，最寒冷的时节就要来了，红34师官兵们身上的单衣尽已破烂不堪。又因总是处在后卫位置，沿途的粮食都已被前面经过的部队筹集一空，全师已断粮多日，而饥饿难耐的指战员们依旧处在紧张的战斗状态中。12月1日，陈树湘率部翻越海拔1900多米的宝盖山，到达全州的箭杆箐，试图在湘江边的凤凰嘴徒涉渡江，不料又遭桂敌43师、44师的猛烈阻击。陈树湘深知这可能是争取渡江的唯一机会了，就操起一支步枪率领机关和部队打冲锋。但因孤军作战，加之连日的疲劳饥饿，虽经殊死搏斗，亦未能打退敌人，部队又伤亡 100 多人。从井冈山斗争中一路走过来的老战友程翠林政委、蔡中主任和两位团长都在此次战斗中阵亡。此时，全师仅余七八百人枪，又被敌人冲散。陈树湘眼看过江追赶主力部队已无可能，只得强忍悲愤和怒火，令特派员王光道带领师部机关和部队 300 余人向东折回全州、灌阳之间的岭脚暂避。

在这艰苦的转战中，陈树湘带领部队既要与疲惫、饥饿斗争，又要与沿途频繁出现的地方保安团和民团斗，以至于人枪不断减少。12 月 3 日，当部队借着夜色分别突围，到达龙母坝集中时，对如何摆脱这一孤军无援的困境，保存革命力量，陈树湘给中革军委发出请示电报，军委回电要他率部迅速退回到群众基础较好的湘南去。

这天夜里，陈树湘看着眼前几天来饱受饥寒、精疲力竭的战士们，看着这支一路走来、而今残破不全的队伍，心中悲痛更难自抑。他竭力平复着芜杂的心绪，抬头向远处灰蒙蒙的山岭和泛着月光的江水望去。凛凛寒风不时掠过他那饱经战火的脸庞，深思良久，陈树湘召集了最后一次团以上干部及党员会议，并作出两条决定：一、寻找敌人兵力薄弱的地方突围出去，到群众基础较好的湘南发展游击战争；二、万一突围不成，宁为苏维埃共和国流尽最后一滴血，决不叛党！

这或许是此时陈树湘所能想到的保存革命力量、表达对党忠诚的唯一方式了。他下令烧掉所有文件，随即率领余部向东突围。

为了执行中革军委的指示、实现突围计划，陈树湘决定兵分两路，一路由团长韩伟、2营长侯德奎带领，但这一路突出去后在大江源遭到地方民团武装的袭击，最后仅剩30多人而失散；另一路由他和王光道参谋长带领突围后从江塘经永安关、德里、大营，于12月9日辗转到达都庞岭道县的空树岩村，才停下脚步暂行休整。很快，大批广西地方民团即从灌阳方向追了过来。陈树湘率部沿都庞岭山麓向南退却。一路阴雨连绵，寒气飕飕，战士们背着各自的武器、不多的弹药，在泥泞的路上不停地行走，当行至永明县（今江永县）的大溪源时，又遭到尾追之敌何键的成铁侠旅和截击之敌唐季侯部的前后夹击。陈树湘率队伍且战且退，一直退到清水塘镇小坪村附近，这时，唐季侯部又闻讯赶来截击。在上木岭激战半日后，陈树湘率部即向江华、永明边境前进，在大宝腹又与敌接火。陈树湘巧妙指挥部队边战斗边转移，直到深夜才甩掉敌人，抵达上江圩，作短暂的休息。

12月12日，陈树湘带领部队到达江华桥头铺附近的牯子江渡口，准备抢渡牯子江。他仔细观察江边环境，见渡口雾气蒸腾，两岸的密林里显得异常寂静。凭着多年丰富的战斗经验，他判断这里可能有敌人设伏，遂令大家做好战斗准备。江水时急时徐，当他们乘坐的木船行至江心时，埋伏在岸上的江华县保安团突然开火。陈树湘立在船头，指挥部队快速抢渡。就要接近河岸时，一颗子弹飞来击中他的腹部，殷红的鲜血直往外涌，几个战士连忙上前来帮他包扎伤口，陈树湘忍痛将渔网紧紧缠在腹部，压住绷带，继续指挥抢渡。

待战士们冒着弹雨，将木船靠岸后，陈树湘腹部的伤势越发严重，鲜血已将渔网和绷带全都殷红了。陈树湘咬紧牙关紧了紧皮带压住伤口，由于疼痛难忍，他连腰也直不起来。战士们只好扎起一副简易担架，把他按在担架上抬着，沿一条曲折小路向道县四马桥方向撤退。

不一会儿，道县保安团又尾追上来。山路崎岖，上岭下坡，担架颠簸得十分厉害，陈树湘伤口上的鲜血把腹部的皮带与衣服都浸透了。战士们望着师长苍白的脸上冒出豆大的汗珠，既心疼又着急。有个战士实在忍不住就吼道："我们跟敌人拼了！"

担架上的陈树湘听了，顾不得伤口的剧痛，直问："是谁说要拼？"

大伙沉默了一会儿，一个战士跑上来说："师长，是我。看你伤成这样，我心里实在难过。"

陈树湘语重心长地说道："为什么要拼呢？是革命到底了，还是被当前的局势吓倒了？困难是暂时的。要知道我们是毛委员亲自创建的部队。秋收起义、井冈山斗争、南下赣南和闽西、几次反'围剿'，那样艰苦的环境，我们都战斗过来了，难道眼前这点困难都不能克服吗？拼很容易，但这正合了敌人的心意。敌人'追剿'的目的就是要把我们拼光。”

那个战士听了，眼含着泪花小声说道：“师长，我的想法错了……”

陈树湘忍着伤痛，接着说：“如果我们能保存力量，克服目前的困难，甩开敌人，保存实力，在湘南开展游击战争，然后再返回井冈山，就可以把革命之火重新燃烧起来。这正是敌人最害怕的。”

战士们的情绪重新振奋了起来，齐声说道：“师长，请放心，再大的困难，我们一定能克服。”

这时，红 34 师仅余 100 多人。他们知道，此地不能久留，于是再上征程，而一到达四马桥的早禾田村，左侧的山头又响起了枪声，这是道县的义勇总队扑了过来。王光道参谋长立即指挥部队边打边走，到清水塘才把敌人击退。这时，陈树湘估计到形势的严峻，便最后一次集合起队伍来，清点人员、武器。仅存的一个连长向他报告说：“全师还有 53 人，15 名轻伤，7 名重伤。枪支有余，但子弹只有 103 发了……”

陈树湘作出最后的指示：“敌人一定还会来追，可能将出现种种意料不到的情况，大家要各自为战，尽力冲出去，到前面的牛栏洞山区汇合。”纵有万般不舍，王光道参谋长还是毅然执行了他的命令，带领几十号人向洪塘营乡插花坪、大洞田方向转移。

断肠明志，血洒潇湘

陈树湘带着余部继续且战且退。突然，只听一阵“砰砰”的枪响，国民党军在江华、宁远、道县的 3 个保安团蜂拥而至。眼看着抬担架的几个战士奔跑，行走很不方便，也不安全，陈树湘便再三挣扎着要下来，可战士们说什么也不同意。当部队退到富竹湾时，路边馒头岭上又突然响起了枪声，另一股地方反动武装也向他们开火了。前有阻敌，后有追兵，严峻形势之下，陈树湘当机立断，命令一个班抢占馒头岭对面山头打掩护，其余指战员迅速冲过敌人的火力网。

激战中，战士们有幸为陈树湘找到了一处藏

身之地。那是幽深山林中的一处岩洞，被两旁茂密的树林遮挡得严严实实，洞口朝上，相当隐蔽。洞内湿滑，冷意森森，约 2 公里长。两个警卫员把陈树湘抬进洞内，找了一处比较干燥的地方让陈树湘躺了下来。他的伤口由于没有得到及时处置，越来越严重，不断往外流着血，陈树湘显得非常虚弱。外面的枪声越来越紧，其他战士正在夺路突围。

天黑下来了，外面的枪声也渐渐停了。陈树湘轻声问道："部队成功突围了吗？" 3 个战士没有回答，他们也不知道外面的情况。过了一会儿，一个战士说："我出去摸摸情况，顺便弄点吃的来。"他们已经一整天没吃东西了。

战士摸下山敲开了一间破草房，这是一家姓周的山民。山民见到破衣烂衫的红军，心里立刻明白了，立马把战士让进屋，战士说明了来意后，山民立即吩咐家人准备了一些吃的，带着草药跟随战士进了山。一连几天，周姓父子二人就将红薯饭和草药送进山来，为陈树湘治伤。

他们之间未曾相识，却有着心照不宣的默契，

彼此并没有过多交谈。只是偶有一次，那个老山民突然说道："你们红军都是好人，都是给穷人打天下的，宁可自己饿肚子也绝不抢老百姓的东西，我们爷俩乐意多为你们做些事情。"

可没过几天，国民党团防军又开始满山满岭地去搜寻红军，这个山洞越来越不安全了，陈树湘他们只好连夜转移至银坑寨。第二天，他们又与道县保安团相遇。陈树湘用绑腿死死扎紧伤口，挣扎着想站起来，刚一站起又倒下了，最后还是被两个警卫员按在担架上一起奔跑，准备去占领银坑附近的洪都庙。敌人紧追不舍，不幸的是，抬担架的一个警卫员和机修员先后中弹，陈树湘的担架翻倒在路边田沟里。另一名警卫员连忙跑过去要背陈树湘，却被他一把推开，陈树湘连声喝令他："不要管我！快撤出去！"

警卫员哭着说道："师长，就是死，我也绝不会抛下你呀！"

"糊涂！"陈树湘生气地说："我们是要搞革命，但绝不能作无谓的牺牲！我命令你，尽快突围！"

警卫员无论如何也不肯离开，他搀扶着陈树湘慢慢站起来向前走，敌人叫嚣着要抓活口，穷凶极恶地扑了上来。警卫员用自己的身体挡着陈树湘，用仅剩的最后几颗子弹射向敌人。敌人遭到打击，一边退缩一边还击，一颗子弹射中了警卫员，他踉跄了一下倒下了。本已伤势惨重的陈树湘再次负伤，由于失血过多陷入了昏迷……

疯狗般的敌人追上来，将二人俘获。他们找来担架将陷入昏迷的陈树湘和警卫员抬到了四马桥的一家布铺，此地正是国民党道县保安团第一营的临时指挥所，保安团第一营营长何湘就在隔壁的“正生药铺”坐镇指挥。

蒙眬中，渐渐苏醒过来的陈树湘听到几个人在说话：“快来，快来，听说抓了个共军当官的，好像是个师长，能赏十两黄金哩。”他突然打了个哆嗦，这才意识到自己是被敌人俘虏了，心中悔恨交加。

不一会儿，他又听到了那几个人的说话声：“瞧，这小子命真大，肠子都露出来了，人还没死。”几个敌兵议论着。

“肠子！肠子！”这一念头猛烈地撞击着陈树湘的大脑，他暗想着：“肠子都露出来了，为什么还不死？决不能当俘虏！”

就在这时，闻讯赶来的何湘满脸堆笑，如获至宝地看着陈树湘，感到自己升官发财的机会就要来了。但他又见陈树湘身上破破烂烂的军装，与普通红军战士没什么两样，这跟国民党军队的师长可差了十万八千里。何湘越看越怀疑，在心里直犯嘀咕，拿不准此人究竟是不是个师长。

何湘见陈树湘已苏醒过来，便想了个法子。他早就听说红军战友亲如兄弟，于是就把陈树湘的警卫员绑起来，拷问他陈树湘的身份，警卫员抵死不说，他便将被打得血肉模糊的警卫员推到陈树湘跟前，逼他坦白。果不其然，陈树湘马上要求他放了警卫员，并称自己就是红34师的师长。

何湘欣喜若狂，连忙找来一个大夫为他医治伤口，还端来丰盛的饭菜，向他“示好”，试图拉拢他，想从他身上获取一些有用情报，并计划尽快押他到长沙论功行赏。但陈树湘既不配合他们的救治，也不吃他们置办的饭菜，搞得何湘大为恼火。

无奈之下，何湘又将陈树湘软禁到一间密不见光的黑屋里，变着法子对他审讯、向他施压，但都无济于事。

又是一次审讯未果，气急败坏的何湘大声呵斥他：“我看你真是活腻了！就这么急着求死吗？”

听着何湘的讥讽，陈树湘不禁大笑一声，大义凛然地说：“我自参加红军以来，与你们打了数百次战斗，为了革命我随时甘愿牺牲一切，死又有什么可怕！”

何湘被他决绝的口气震得一激灵，他分明觉出陈树湘求死之心的迫切，进而不禁忧虑地想到，俘一个红军师长可不是那么容易的，可千万不能叫这陈树湘死了，一旦他死了，自己岂不是什么好处也捞不着了？

于是，何湘恶狠狠地对他说：“想死？没那么容易！我不会让你这么轻易地死去！我要把你送到长沙，送到南京，叫全世界的人知道，你们共产党完了，你们红军的队伍已经打光了，你们赤化全中国的梦想终究是白日做梦！”

“住口！”陈树湘怒目圆睁，拼尽力气冲何湘喝道："共产党不会完，共产党是中国未来的希望！你们抓住一个陈树湘又能如何？还有千千万万个共产党员和红军战士会站起来！工农革命的烈火，你们是永远扑不灭的！它必定越燃越旺，烧死一切害人虫，烧出一个新世界！我就在地下看着，看着你们被革命烈火烧尽的那一天！"

陈树湘的话，霎时给这间黢黑沉闷的"牢房"增添了一股浩然之气，何湘被猛冲了一下，一时竟呆愣住了，好一会儿才回过神来。他摸着自己冷汗涔涔的脑门，急忙退出这间"牢房"。他决定不再招惹这个"疯子"师长，赶忙安排几个士兵，把陈树湘抬到担架上，并押着他的警卫员，即刻往道县县城赶去。

担架上的陈树湘虽然已奄奄一息，脑子却异常清楚，敌人这是要将他送到县城去邀功了，届时他们又会如何辱没党、辱没红军，都是不堪设想的。如今，自己随身的刀枪都被敌人缴去了，但他不能坐以待毙，只要还有一息尚存，他就要为党和红军尽一份心、出一份力。

何湘和随从们马不停蹄地赶路，直到道县蚣

坝镇石马神村附近的将军塘，才停下歇息。这个水塘不大，水流却十分湍急，波涛像猛兽般吼叫、滚动着。敌人放下陈树湘后，都纷纷聚到水塘边饮水去了。陈树湘定定地望着不远处汹涌奔腾的水流，感觉这水流恰如轰轰烈烈的革命大势，自己则是其中的一朵水花，正随着这股大势，奔流不息。想着想着，生与死的界限，在他的意识中变得越来越不那么截然分明了。生机勃发的水势令他更加相信，死，亦是生，只要水势不减，死死生生，将循环往复，永不止息。

蒙眬之中，他的脑子里闪过他最后在师党委会上宣布的两条决定：第一，把所有的电报和机密文件烧掉；第二，如果谁还能活着出去，3 个月以后井冈山上再见。

这时，他仿佛听到了一阵阵似远还近的军号声，嘀嘀嗒嗒嘀嘀嗒，像极了当年在井冈山上经常听到的节奏。陈树湘满足地闭上眼睛。

到如今，一直为红 34 师惴惴不安的这颗心，终于可以沉静下来。鏖战至此，虽然红 34 师已经被打得七零八落，万幸的是，中央红军大部队顺利过江长征去了！昔日的战友们将开辟更多的革命根据地，红色火种将点燃这个国家的每一寸土地。想到这里，他的心也不禁跟着沸腾起来，又变得火热了。这份火热，令他不禁抬起了右手，慢慢摸到小腹的伤口处，他咬紧牙关，拨开肚子上厚厚的血痂，把手指伸进肚中，抠出已是伤痕累累的肠子，奋力撕扯起来。顿时，撕肝裂肺的剧痛几乎要将他击垮，然而，那只无力的手怎么也扯不出肠子来。情急之下，他下意识将肠子一头塞进嘴里，死死咬住，拼尽最后一点力气，双手抓住肠子向外狠劲一扯，终于把肠子绞断。随着一声震天之吼，一瞬间，大股大股的鲜血如不远处的水流一般汩汩而出，陈树湘的双手沾满了血，就像一对热烈绽放的红花。

陈树湘这位为革命赴汤蹈火的勇士，生命永远定格在了 29 岁。他所领导的红 34 师其他指战员大部相继战死沙场。英勇的红 34 师为掩护中共中央、中革军委和中央红军主力战略转移，战功至伟、悲壮至极。

陈树湘牺牲后，敌道县保安团团长唐季侯火

速将陈树湘的遗体送往敌驻衡阳的省保安司令部拍照存验，又惨无人道地将他的头颅割下，装在一个竹篾笼里送到位于长沙的湖南省政府主席何键的“追剿军总司令部”，将陈树湘的头颅悬挂于小吴门外中山路口的石柱上，又残忍地杀害了他的警卫员。

陈树湘怒瞪双眼的头颅俯视着从小生活过的清水塘，这位顶天立地的英雄师长，最终竟以如此壮烈的方式回到了他朝思暮想的故乡……

04 尾声

国民党军的做法引起当地老百姓的极大愤慨。民众们为陈树湘的壮举所深深震动，不忍这位红军师长的尸骨暴露在野外，就趁着黑夜，冒死将陈树湘和警卫员的遗体抬走，把他们一同安葬在道县城外的一座小山坡上。但坟墓中只埋着他的骸骨，没有头颅。他的头颅被国民党反动派割下来送到了他的故乡长沙，挂在小吴门外中山路口的石柱上示众。

陈树湘被当地老百姓称为“断肠英雄”，每年清明节，群众都会自发来这里扫墓，祭奠这位红军师长。

这座小山坡如今仅存一部分，成了道县二中的花园。园内建有一座凉亭，取名“高瞻亭”。人们在登高远眺时，也不忘低下头，去追思地下烈士的英灵。

2009年，为庆祝中华人民共和国成立60周年，中宣部等11个部门联合组织开展评选“100位为新中国成立作出突出贡献的英雄模范人物和100位新中国成立以来感动中国人物”活动，陈树湘入选“100位为新中国成立作出突出贡献的英雄模范人物”。

英烈是民族身躯里的挺拔脊梁，是民族血脉里的不竭动力。2014年10月30日，习近平总书记在福建古田召开的全军政治工作会议上，讲述了中国工农红军第34师师长陈树湘“断肠明志”的壮烈故事，赞其绝对忠诚，强调“把先辈们用鲜血和生命铸就的优良传统一代代传下去”。

2019年4月30日，习近平总书记在纪念五四运动100周年大会上发表重要讲话，谈到“自古英雄出少年”时，说“红三十四师师长陈树湘牺牲时是29岁”。

不畏艰险，冲锋向前，在陈树湘29年的短暂生命里，历尽了血与火的考验，在战火硝烟中度过了一生最美好的年华。

近年来，在桂林市全州县才湾镇的红军长征湘江战役纪念园，前来参观学习的党员、群众络绎不绝。他们怀着无尽的哀思，向红军烈士敬献花篮，瞻仰“红军魂”雕塑，并参观湘江战役纪念馆。而在纪念馆中一幅油画前，常常有人驻足凝视，这幅画中的主人公就是陈树湘，油画上方赫然写着“为苏维埃流尽最后一滴血”。

以画为体，以史为魂，这幅画的创作者是军旅画家白展望。为了最大限度地接近真实、再现陈树湘断肠牺牲的震撼瞬间，他专程到湘江采风。回顾创作过程，他感慨地说：“陈树湘是从自己的伤口里将肠子抓出来、拉断，他得有多大的力量？我想他的嘴肯定是痛苦的、紧闭的，手上的青筋肯定是暴起的，鲜血肯定是流淌的……陈树湘是个悲剧，但悲剧中弥漫着理想的光辉。”青春、理想、牺牲，交织在一起，让白展望找到了画作的灵魂。在他的笔下，陈树湘师长英勇诀别的瞬间永远定格，信仰的光辉永恒绽放。

红34师有一位幸存者，是100团团长韩伟。当时子弹打光后，韩伟同样抱着宁死不作俘虏的决心，带着几个战士从山上滚了下去。他侥幸未死，被上山采药的土郎中救下。在红薯窖里藏了 7 天后，扮成挑夫出去找红军，历尽艰辛终于回到队伍。新中国成立后，韩伟被授予中将军衔。至晚年，韩伟将军在弥留之际对儿子韩京京说，湘江战役，我带出来的闽西子弟都牺牲了，我活着不能和他们在一起，死了也要和他们在一起。遵照遗嘱，韩伟将军的骨灰安放在闽西革命烈士陵园，与红 34 师的战友们永远长眠在一起。韩伟将军还有一个遗愿，最终也由儿子替他完成了——2009 年，湘江之畔立起了一块无字碑，石碑基座上刻着这样一句话：

“你们的姓名无人知晓，你们的功勋永世长存——为掩护党中央、中革军委和主力红军在湘江战役中牺牲的红三十四师六千闽西红军将士永垂不朽。”

2013 年，韩京京携妻子张薇薇（闽西老红军的后代）来到了湖南省道县潇水河畔的“无头英雄墓”前祭拜，这里安葬的就是陈树湘失去了头颅的遗骸。韩京京激动地说：“陈师长没有后人，连外甥、侄子也没有。更让人心酸的是，他留下的唯一一张画像还是根据我父亲的口述画下来的。”

天地英雄气，浩然壮国魂。2014 年，正是陈树湘牺牲 80 周年的纪念日，韩京京专门请军旅雕塑家刘林为他塑了像。三尊标准像，一尊被陈树湘故乡的长沙博物馆收藏，回到了他童年和青少年时代生活、战斗过的地方。另一尊赠给了陈树湘在 20 世纪 30 年代带过的红 4 军特务大队——如今的某部红 3 连。连队的官兵们把他当成了自己的亲人，新兵入伍都会在他的像前宣誓。还有一尊安放在韩京京家中，与韩伟的像肩并肩，就像他们当年一起战斗的岁月那样。如今，根据铜像复制的陈树湘雕塑石像安放在潇水河畔，这张年轻勇毅的脸庞，面朝潇水，静静凝望着这片土地，行军中、战斗中，直至牺牲前夕，心中曾不断浮现过的盛世愿景，已尽收眼底。

后 记

英雄已逝，精神长存。是什么让这位英雄的形象深入人心？正是他在湘江战役中“断肠明志”的故事。断肠，通常作为一种形象的说法，被人们用来形容极度痛苦。然而，对于陈树湘来说，这不只是一个文学词汇，而是一种崇高的抉择。是什么促使他选择如此惨烈的方式慷慨赴死？当红5军团长董振堂和参谋长刘伯承把红军长征途中最危险的“断后”重任交与他时，作为一名红军师长，陈树湘深深地明白自己肩上的担子有多重，他早已做好了为革命赴汤蹈火的准备。湘江之战，他和战友们与数十倍于己之敌鏖战四天五夜，直到中央红军主力突围渡过湘江，完成了上级交给的任务。使命既已完成，堂堂红军师长尊严，岂容敌人玷污？他用最壮烈的举动，践行了自己“为苏维埃新中国流尽最后一滴血”的铮铮誓言……陈树湘将对党无比的忠诚化为断肠之举，至今都使我们后辈为之震撼，并时刻提醒着我们对中国共产党要忠贞不渝、生死相随。

在编写过程中，得到军事科学院有关领导和机关的大力支持。成稿之后，还请康月田、李博、陈力、岳思平、褚银等多位专家学者进行了审读。

主要参照参考书籍和资料有：《中国共产党的一百年——新民主主义革命时期》（中共中央党史和文献研究院著 / 中共党史出版社）、《中国人民解放军军史（第一卷）》（《中国人民解放军军史》编写组编 / 军事科学出版社）、《100 位为新中国成立作出突出贡献的英雄模范人物：陈树湘》（吕芳文著 / 吉林文史出版社）、《铁血师长陈树湘》（志在飞著 / 湖南文艺出版社），等等。

在此，谨向关心和帮助过本书出版的各位领导、专家学者，以及上述作者、编辑致以最诚挚的谢意！书中难免有错漏之处，恳请读者和诸方专家不吝指正。

图书在版编目（CIP）数据

陈树湘 / 军事科学院解放军党史军史研究中心编. 北京 : 学习出版社, 2025. 6. -- (中华先烈人物故事汇). -- ISBN 978-7-5147-1356-5

Ⅰ. K825.2

中国国家版本馆CIP数据核字第2025QB1675号

陈树湘

CHEN SHUXIANG

军事科学院解放军党史军史研究中心

责任编辑：路小普　　封面绘画：刘书移
技术编辑：刘　硕　　内文插图：韩新维
美术编辑：杨　洪　　装帧设计：映　谷

出版发行：学习出版社
北京市东城区崇外大街11号新成文化大厦B座11层（100062）
010-66063020　010-66061634　010-66061646
网　　址：http://www.xuexiph.cn
经　　销：新华书店
印　　刷：河北鹏润印刷有限公司

开　　本：787毫米×1092毫米　1/32
印　　张：5.25
字　　数：67千字
版次印次：2025年6月第1版　2025年6月第1次印刷

书　　号：ISBN 978-7-5147-1356-5
定　　价：23.00元